UNIVERSITÉ DE PARIS. — FACULTÉ DE DROIT

DES

OFFICIERS DE L'ÉTAT CIVIL

ET DE

LEUR COMPÉTENCE

THÈSE POUR LE DOCTORAT

PAR

Édouard BENATRE

RÉDACTEUR A LA PRÉFECTURE DE LA SEINE

PARIS

LIBRAIRIE NOUVELLE DE DROIT ET DE JURISPRUDENCE

ARTHUR ROUSSEAU

ÉDITEUR

14, RUE SOUFFLOT ET RUE TOULLIER, 13

1898

THÈSE

POUR LE DOCTORAT

UNIVERSITÉ DE PARIS. — FACULTÉ DE DROIT

DES

OFFICIERS DE L'ÉTAT CIVIL

ET DE

LEUR COMPÉTENCE

THÈSE POUR LE DOCTORAT

L'ACTE PUBLIC SUR LES MATIÈRES CI-APRÈS
Sera soutenu le mardi 7 juin 1898 à 8 h. 1/2

PAR

ÉDOUARD BENATRE

RÉDACTEUR A LA PRÉFECTURE DE LA SEINE

Président : M. André WEISS
Suffragants : { MM. CHAVEGRIN,
MASSIGLI, } *professeurs*

PARIS

LIBRAIRIE NOUVELLE DE DROIT ET DE JURISPRUDENCE

ARTHUR ROUSSEAU

ÉDITEUR

14, RUE SOUFFLOT ET RUE TOULLIER, 13

1898

OFFICIERS DE L'ÉTAT CIVIL

ET

DE LEUR COMPÉTENCE

INTRODUCTION

CONSIDÉRATIONS GÉNÉRALES ET HISTORIQUE

§ I. — *Considérations générales.*

1. — L'état civil ou privé d'une personne, c'est-à-dire sa situation juridique dans la société et dans la famille, se compose d'un ensemble de qualités qui créent à son profit ou à sa charge des droits ou des obligations. La naissance détermine l'état de chacun, la mort le fixe irrévocablement mais, entre ces deux situations extrêmes, l'état peut être modifié par différentes causes telles que le mariage, le divorce, l'adoption, la naturalisation. Ces diverses qualités ou états constituent même au profit de ceux qui en sont investis une véritable propriété garantie par des actions.

2. — Les particuliers sont donc intéressés à la constatation régulière des événements relatifs à l'état civil. Il importe que chacun d'eux puisse, en toute circonstance, fournir la preuve de son individualité en même temps que se procurer, si cela est nécessaire, la preuve de l'individualité, de l'état civil des tiers. D'autre part, dans toute société, l'individu, suivant sa nationalité, son âge, son sexe, sa filiation, est astreint, par sa loi nationale, à des obligations de même qu'il peut invoquer certains droits. L'intérêt général exige, par conséquent, que l'état de chacun puisse être déterminé d'une façon nette et indiscutable. Les actes de l'état civil, qui sont des procès-verbaux relatant les faits constitutifs de l'état des personnes ont précisément ce résultat pour objet, puisqu'ils sont destinés à servir de preuve de l'état. Un tel but ne peut être réellement atteint que s'il existe une corrélation absolue entre les divers actes de l'état civil et chacun des faits constitutifs de l'état. La naissance, le mariage, le décès, la naturalisation, l'adoption, tout fait, en un mot, qui crée ou qui modifie l'état des personnes doit faire l'objet d'un acte spécial.

Le législateur moderne est loin d'avoir appliqué ce principe. Le Code civil, notamment, ne considère comme actes de l'état civil que les seuls actes qui constatent l'état de famille, établissant ainsi une distinction entre les actes de l'état civil et les actes de l'état en général. Les décrets de naturalisation, les jugements de divorce sont des actes relatifs à l'état, donc des actes de l'état civil, mais le Code ne les comprend pas sous ce nom et les règles générales relatives aux actes de l'état civil ne leur sont pas applicables. Le titre II du Livre 1er, fondamental en la matière, ne réglemente que les actes de naissance, de mariage et de décès. La preuve de l'adoption, du divorce, de la légitimation et de la reconnaissance des enfants naturels est soumise à des règles particulières disséminées dans différents titres du Code. D'autre part, tandis que le législateur de 1804 institue des actes spéciaux pour la constatation des naissances, mariages, décès et reconnaissances d'enfants naturels, les autres faits qui modifient l'état civil ne donnent lieu qu'à de simples transcriptions. Il existe ainsi dans l'organisation de la preuve de l'état des personnes un manque d'unité que rien ne justifie, au point de vue juridique, et qui ne s'explique que par des précédents historiques.

3. — Quoi qu'il en soit, nous n'insisterons pas davantage sur cette question, le but du présent ouvrage n'étant pas l'étude de l'état civil, mais simplement le commentaire de la législation relative aux officiers de l'état civil.

Sous cette appellation, le Code désigne les fonctionnaires chargés par la loi de recevoir les actes de l'état civil et de leur conférer l'authenticité. La nécessité de leur institution se conçoit aisément. L'organisation d'un mode de preuve écrite de l'état civil suppose la désignation de personnes ayant qualité pour rédiger ces écrits et leur donner un caractère légal. C'est ainsi que le Code confie aux officiers de l'état civil la mission de constater les naissances et les décès, de célébrer les mariages, de rédiger les actes de l'état civil, de veiller à la conservation des registres et d'en délivrer des extraits. L'importance de semblables fonctions est considérable, puisqu'elles consistent en la mise en œuvre des prescriptions de la loi relatives à l'état civil. La désignation des fonctionnaires publics chargés de ce soin mérite même d'appeler toute l'attention du législateur : l'institution de l'état civil ne peut donner des résultats féconds que si l'organisation du corps des officiers de l'état civil repose sur des bases rationnelles.

4. — Il nous a paru digne d'intérêt de rechercher quelles sont, en droit français, les personnes investies des fonctions d'officier de l'état civil. Cette étude en entraîne nécessairement une autre, celle de la compétence des officiers de l'état civil. N'y aurait-il pas antinomie à déterminer les fonctionnaires chargés de constater l'état des personnes sans tracer les limites dans lesquelles ils peuvent exercer leur mandat? Là se borne, toutefois, le but du présent travail. Nous nous abstiendrons de discuter les autres questions relatives aux officiers de l'état civil, notamment

celles qui concernent leurs obligations et leur responsabilité. Un tel programme nous conduirait à faire l'exposé de l'état civil lui-même. Or, nous voulons simplement dégager de cette législation générale les règles applicables à la désignation des officiers de l'état civil et celles qui fixent leur compétence.

5. — Avant d'aborder l'examen de la législation actuelle, nous étudierons ses antécédents historiques. Les institutions de l'ancien droit français qui y sont relatives feront l'objet principal de nos recherches ; nous parcourrons les diverses phases de leur évolution.

L'exposé de la législation française contemporaine se divisera tout naturellement en deux parties.

Dans la première, nous aurons à énumérer les différentes personnes chargées d'exercer les fonctions d'officier de l'état civil. La seconde sera consacrée à indiquer l'étendue de leur compétence, à limiter le cercle dans lequel ils peuvent exercer leurs attributions.

§ II. — *Historique.*

6. — Ce n'est pas dans les législations des peuples de l'antiquité qu'il faut rechercher l'origine de notre institution des officiers de l'état civil. L'étude du droit ancien ne nous révèle aucunement l'existence

d'une organisation destinée à assurer la preuve écrite et par conséquent, efficace de l'état des personnes.

Les historiens d'Athènes et de Rome nous parlent, il est vrai, d'institutions qui paraissent offrir une certaine analogie avec notre organisation de l'état civil, mais il suffira de quelques courtes explications pour montrer les différences considérables qui les séparent.

7. — *Athènes*. — A Athènes, l'enfant nouveau-né devait être présenté par son père à l'assemblée de sa phratrie qui l'acceptait ou le répudiait, sauf appel en justice. Cette formalité avait lieu, chaque année, le troisième jour de la fête des Apaturies. L'admission de l'enfant entraînait son inscription sur le φρατοριχον γραμματειον, ou livre de la phratrie. Ce document avait un intérêt d'ordre purement politique et, selon la règle générale du droit athénien, c'était par témoins que se prouvaient la naissance et la filiation : « S'il veut prouver que ces enfants sont légitimes, qu'il apporte les preuves que nous emploierons tous ; il prouvera qu'il dit vrai en produisant des témoins, les membres de la famille, de la phratrie (1). »

Le registre du dème (ληξιαρχικον γραμματειον) sur lequel étaient inscrits, après un vote des démotes, les Athéniens ayant atteint l'âge de 18 ans, ne constituait pas non plus un mode de preuve de l'état ci-

---

(1) Isée. *Succession de Philokténon*. (VI, 64).

vil. Il servait de base au service militaire et permettait d'établir la liste des contribuables, de ceux qui devaient supporter les services publics, des juges,.. etc. Un Athénien voulait-il prouver sa qualité de citoyen, il ne se reportait pas au registre civique, il recueillait des témoignages. Démosthène, dans son plaidoyer contre Euboulidès, s'exprime ainsi : « Je veux vous montrer que je suis citoyen d'Athènes, du côté de mon père et de ma mère, vous produire à ce sujet des témoins dignes de foi... » Et, plus loin, il ajoute : « Vous en avez assez pour juger si celui qui obtient tous ces témoignages était citoyen ou étranger (1). »

Les registres de la phratrie et ceux du dème dont nous connaissons maintenant la valeur juridique, n'étaient qu'un ensemble de procès-verbaux relatant l'accomplissement des formalités requises pour l'admission dans la phratrie ou dans le dème. Au phratriarque et au démarque incombait le soin de rédiger ces écrits. L'un et l'autre jouaient un rôle purement passif ; ils n'étaient que de véritables greffiers et non des officiers civils ayant un pouvoir propre. L'Assemblée des phratores et celle des démotes avaient seules qualité pour admettre ou répudier les intéressés qui se présentaient devant elles.

8. — *Rome*. — Au dire de Denys d'Halicarnasse

---

(1) Démosthène. *Œuvres*, édit. Auger, t. VI, p. 389 et 391.

(*Antiquités Romaines,* IV ; 15) Servius Tullius aurait ordonné que les naissances et les décès fussent déclarés à des fonctionnaires publics, qui étaient les gardiens des trésors des temples de Junon Lucine et de Vénus Libitine. L'exactitude de ce fait est assez probable mais, d'un autre côté, il est certain que le but poursuivi par Servius Tullius n'était pas l'établissement d'un système de constatation de l'état des personnes. Denys d'Halicarnasse ajoute, en effet, que ces prescriptions avaient pour but « de déterminer le nombre des habitants de Rome et de permettre de distinguer facilement ceux qui étaient en état de porter les armes » (1). C'est, d'ailleurs, afin de généraliser cette conception que Servius Tullius institua les registres du cens, qui contenaient l'état général des fortunes et servaient de base à la classification électorale en même temps qu'à l'assiette de l'impôt. Les noms des citoyens, ceux de leurs femmes et de leurs enfants, leur âge, leur domicile, figuraient sur les livres du cens. Il eût été logique d'avoir recours à ces écrits pour prouver l'âge et l'état des citoyens. Toutefois, Cicéron nous indique que les registres des censeurs n'avaient pas cette autorité. « Census non jus civitatis confirmat, ac tantummodo indicat eum qui sit census, ite se jam tum gessisse pro cive », dit-il dans le *Pro Archia* (Chapitre V). L'emploi de

(1) Denys d'Halicarnasse. *Antiq. rom.*, Edit. Didot, p. 204.

la preuve testimoniale devenait donc nécessaire.

Suétone et, après lui, Apulée nous parlent de l'existence, vers la fin de la République, d'*acta publica*, dressés à l'occasion des naissances par des *tabularii publici*. Ces déclarations, appelées *professiones natales*, n'étaient nullement obligatoires et l'usage ne paraît s'en être répandu que parmi les grandes familles de Rome.

— 9. Une innovation beaucoup plus considérable résulte de l'organisation créée par Marc-Aurèle, au II* siècle de l'ère chrétienne. L'empereur ordonna que chaque citoyen serait tenu de déclarer la naissance de ses enfants, à Rome devant le préfet du trésor, en province devant un tabularius publicus. Si l'on en croit Julius Capitolinus (1), le but que se proposait Marc Aurèle était de faciliter la preuve de l'état des personnes, « *ut si quando de statu questio esset, inde probationes peterentur quis a quo editus esset.* » Il semble donc que nous soyons en présence d'un système au moins partiel d'état civil. En fait, l'institution de Marc-Aurèle n'eut pas l'importance que le passage de Julius Capitolinus permettrait de lui attribuer. Nous ne voyons pas, en effet, que les *professiones* aient servi efficacement à la constatation de l'état des personnes. Les historiens romains discutent souvent la date de naissance de tel ou tel per-

_____

(1) Julius Capitolinus. *Vie de Marcus Antoninus*, IX.

sonnage, malgré son insertion dans les *acta publica*.
C'est que ces écrits étaient loin de constituer un
mode de preuve exclusif. La preuve testimoniale
était admise, en cas de perte ou d'omission des *professiones* et même pour démontrer la fausseté d'une
déclaration. La loi 15, au Code, *de liberali causa*, le
dit formellement : *nec omissa professio probationem
generis excludit nec falsa simulatio veritatem minuit.
Cum itaque ad examinationem veri, omnis jure prodita
debeat admitti probatio...* Ainsi comprise, cette institution ne pouvait rendre les services qu'il eût été
facile, cependant, de lui faire produire. Il ne semble
pas qu'elle ait survécu à son auteur. La constitution
de Marc-Aurèle ne figure pas au Code et Justinien
ne nous parle ni de son existence ni des modifications qui auraient pu y être apportées.

En résumé, pas plus que les institutions grecques
que nous avons exposées précédemment, les institutions romaines dont nous venons de faire l'étude ne
constituent une organisation publique de l'état civil.
Il était réservé aux législations modernes et, en
particulier, au droit français d'assurer d'une manière efficace la constatation de l'état des personnes.

10. — *Ancien droit français.* — Les premiers textes
de notre ancien droit relatifs à la preuve écrite de
l'état civil datent du XVIᵉ siècle. Il existait pourtant,
en fait, avant cette époque, toute une organisation

qui devait être l'origine de notre système de preuve de l'état civil.

11. — L'usage paraît s'être introduit de bonne heure, parmi les membres du clergé, de conserver trace des baptêmes, mariages et sépultures des fidèles (1). C'est ainsi que des écrivains du ${IV}^e$ siècle nous parlent de l'existence de listes de baptêmes. De semblables constatations ne pouvaient, il est vrai, avoir une bien grande importance, au point de vue de la preuve des naissances : le baptême n'était ordinairement administré, dans les premiers siècles du christianisme, qu'à des adultes. La discipline ecclésiastique se modifia et l'on en vint à la pratique actuellement suivie par l'Eglise, consistant à rapprocher, le plus possible, l'époque du baptême de celle de la naissance. Durant les ${XIV}^e$ et ${XV}^e$ siècles, la plupart des évêques enjoignirent aux curés, dans le but de mettre obstacle aux mariages entre parents au degré prohibé, de tenir des registres de baptême. Leurs prescriptions ne furent guère suivies et les registres de baptême qui nous sont parvenus sont même fort mal tenus.

12. — Il est intéressant, toutefois, de rechercher quelle pouvait être, au point de vue juridique, la valeur de ces écrits rédigés par les ministres du culte. Pouvaient-ils servir en justice? Assuré-

(1) Sur ce sujet, Thibeaud : *Histoire des actes de l'état civil*, p. 25.

ment, mais si nous tenons compte que le témoignage oral était, dans notre ancien droit, le mode normal de preuve, l'on voit que les registres de baptême n'avaient d'utilité réelle que s'ils étaient acceptés par les parties en cause.

Il en était de même à l'égard des registres sur lesquels les curés inscrivaient les mariages et les sépultures. Leur utilité était moindre encore car ils ne constituaient, pour la plupart, que de simples livres de comptes. Ce fait paraîtra bizarre si l'on se souvient que plusieurs Conciles, notamment celui de Bourges (1031), interdisaient au clergé de rien exiger pour l'administration des sacrements ou la sépulture des fidèles, leur donnant seulement l'autorisation de recevoir des dons. Les curés ne s'étaient pas soumis à ces règles. Après avoir accepté d'abord de simples offrandes, ils réclamèrent de véritables droits, consignant sur des livres spéciaux l'acquittement et surtout le non-payement de ces sortes d'honoraires.

Les registres tenus, avant le xvie siècle, par le clergé catholique n'avaient, on le voit, qu'une faible importance, au point de vue de la constatation de l'état des personnes. Leur valeur juridique était aussi à peu près inappréciable, la règle « témoins par vive voix détruisent lettres » permettant d'opposer victorieusement la preuve testimoniale aux énonciations qu'ils contenaient.

D'autre part, le but poursuivi par le clergé était

uniquement d'ordre spirituel et entraînait, non pas
l'établissement de l'état civil des personnes, mais la
constatation de leur état religieux.

13. — Le xvi° siècle, période de développement et
de condensation de la science juridique, devait voir
naître toute une organisation nouvelle, en matière
d'état civil. La première réglementation fut établie
par l'Ordonnance de Villers-Cotterets, élaborée au
mois d'août 1539, sous le règne de François 1ᵉʳ (1).

Cette Ordonnance « *sur le fait de la Justice,* » détermine les limites précises entre la juridiction ecclésiastique et la juridiction séculière, crée la procédure
criminelle et traite longuement de la collation des
bénéfices ecclésiastiques. C'est au sujet de cette dernière question que le législateur de 1539 a été amené
à poser des règles relatives à la preuve de l'état civil.

François 1ᵉʳ avait conclu, en 1516, avec le pape
Léon X, un Concordat aux termes duquel la nomination des évêques et des abbés appartenait à l'autorité
royale. L'évêque restait le collateur ordinaire des bénéfices de son diocèse, mais le pape s'était réservé un
droit de *prévention.* Il pouvait conférer lui-même ces
bénéfices, en devançant la décision des collateurs
ordinaires, en les *prévenant.* Les postulants avaient
ainsi un moyen assez facile d'évincer leurs con-
currents. Ils se hâtaient d'obtenir de la cour de Rome

(1) Isambert, *Recueil.,* t. XIV, p. 391.

leur nomination avant que le collateur ordinaire
n'eût usé de son droit. Le procédé était d'autant plus
usité que le pape ne pouvait choisir entre les différents candidats qui se présentaient ; il était obligé de
nommer le premier réclamant. Aussi, toutes sortes
de ruses étaient mises en œuvre par les intéressés,
désireux de devancer leurs rivaux. Ils s'arrangeaient,
notamment, avec l'entourage du défunt pour que la
mort des titulaires de bénéfices fût cachée, durant
quelque temps, au public et surtout au collateur ordinaire. L'article 50 de l'Ordonnance de Villers-Cotterets fut édicté précisément dans le but de réprimer ce
genre de fraude. Il dispose « que des sépultures des
personnes tenant bénéfices sera fait registre en forme
de preuve, par les chapitres, collèges, monastères
et cures, qui fera foi, et pour la preuve du temps de
la mort duquel temps sera fait expresse mention
esdits registres, et pour servir au jugement des procès
où il serait question de prouver ledit temps de la
mort, au moins quant à la récréance ».

— 14. Le législateur de 1539 ne se borna pas à cette
modification d'intérêt spécial : la constatation du
décès des titulaires de bénéfices. Les articles 51 et 52
créèrent une législation nouvelle relative à la preuve
des naissances :

Art. 51. — « Aussi sera fait registres, en forme de
preuve, des baptêmes qui contiendront le temps et
l'heure de la nativité et part l'extrait dudict registre

se pourra prouver le temps de majorité ou minorité, et fera pleine foy à cette fin ».

Art. 52. — « Et afin qu'il n'y ait faute auxdits registres, il est ordonné qu'ils seront signés d'un notaire avec celui desdicts chapitres et couvents et avec le curé ou vicaire général respectivement et chacun en son regard, qui seront tenus de ce faire, sous peine des dommages et intérêts des parties et de grosses amendes envers nous. »

De l'examen de ces textes se dégage nettement l'intention des rédacteurs de l'Ordonnance de Villers-Cotterets de soustraire la preuve de l'état civil au hasard des témoignages. Cette législation est pourtant bien incomplète et ses résultats pratiques ont été d'autant plus faibles que le clergé ne se soumit pas, en fait, aux nouvelles règles qui lui étaient imposées. Les actes de baptême de l'époque n'indiquent jamais la date de naissance des baptisés. C'était pourtant l'une des innovations les plus appréciables de l'Ordonnance, puisqu'elle permettait de prouver avec certitude l'âge des personnes. Il faut arriver au milieu du XVIIe siècle pour constater cette mention sur un certain nombre de registres de baptême.

15. — La législation concernant l'état civil fut complétée par l'Ordonnance de 1579, rendue « sur les plaintes et doléances des Etats généraux assemblés à Blois, en novembre 1567, relativement à la police générale du Royaume ». Son but principal était

la fixation des règles relatives aux formes du mariage. Jusqu'au Concile de Trente (1563), le mariage avait été considéré comme un contrat purement consensuel. L'Eglise, seule autorité compétente en la matière, obligeait bien les époux, sous peine de péché, à lui demander sa bénédiction nuptiale, mais la violation de cette prescription ne constituait pas un cas de nullité.

Contrat consensuel, le mariage existait par le seul effet de la volonté des parties, indépendamment de toute forme déterminée. Le Concile de Trente exigea, à peine de nullité, que la célébration du mariage eût lieu *in facie Ecclesiæ*. La présence du prêtre devint une condition indispensable pour la validité du contrat. L'Ordonnance de 1579 ne fit que reproduire ces diverses prescriptions et, pour constater l'accomplissement des nouvelles formalités, elle confia aux curés le soin de tenir des registres de mariage (art. 40).

L'article 181 ajoutait :

« Pour éviter les preuves par témoins, que l'on est souvent contraint de faire en justice touchant les naissances, mariages, morts et enterrements de personnes : enjoignons à nos greffiers en chef de poursuivre par chacun an tous curez ou leurs vicaires du ressort de leurs sièges d'apporter, dedans deux mois après la fin de chaque année, les registres de Baptêmes, Mariages et Sépultures de leurs paroisses faits en icelle année. »

16. — Les trois principaux faits constitutifs de l'état des personnes, c'est-à-dire les naissances, les mariages et les décès, devenaient ainsi l'objet d'une constatation efficace et légale. Il est vrai que les intéressés se trouvaient souvent dans l'obligation de recourir à la preuve testimoniale, par suite de la perte ou de la non existence de registres due à l'extrême négligence du clergé.

Quoi qu'il en soit, les principes posés par l'Ordonnance de Blois formèrent la base de la législation de l'état civil, dans l'ancien droit français. L'Ordonnance d'avril 1667 sur la procédure (titre XX) (1) et la déclaration de 1736 (2) ne firent que développer et sanctionner les règles précédentes.

17. — En instituant des registres de baptême, mariage et sépulture, les Ordonnances en avaient confié la tenue aux curés ou à leurs vicaires. C'est donc aux membres du clergé séculier qu'il faut, en principe, donner la qualification d'officiers de l'état civil. Il était possible, toutefois, qu'une cure eût pour titulaire un membre du clergé régulier. Celui-ci devenait, dès lors, capable d'accomplir tous les actes constituant l'exercice de la fonction curiale et avait compétence pour dresser les actes de naissance, mariage et sépulture. Pothier nous le déclare for-

(1) Isambert, XVIII, p. 104.
(2) Isambert, XXI, p. 405.

Benâtre   2

mellement dans son *Traité du mariage* (n° 376.) « Quoique les religieux aient perdu l'état civil et soient, en conséquence, incapables de toutes fonctions civiles et à plus forte raison des fonctions publiques, dit-il, néanmoins un religieux curé est, dans sa paroisse, compétent pour faire ces actes ; car la qualité de curé lui rend l'état civil, seulement quant aux droits et fonctions qui dépendent de cette qualité. » Il en est de même, ajoute notre auteur, d'un religieux commis par l'évêque pour desservissement d'une cure. D'autre part, l'Ordonnance de Villers-Cotterets avait chargé « les chapistres, collèges et monastères » de tenir des registres pour constater le décès des titulaires de bénéfices ecclésiastiques. La pratique généralisa cette règle. Dans la plupart des hôpitaux, ainsi que dans les communautés séculières ou régulières, il existait des registres de décès, parfois même des registres de baptême et de mariage. L'article 13 de l'Ordonnance d'avril 1667 (titre XX) enjoignit « aux maîtres et administrateurs, recteurs et supérieurs ecclésiastiques des hôpitaux, et tous autres, pour les lieux où il y aura eu baptêmes, mariages et sépultures de satisfaire à tout ce que dessus. »

La Déclaration de 1736 fut encore plus explicite : « Toutes les dispositions desdits articles seront pareillement exécutées dans les chapitres, communautés séculières et régulières et hôpitaux ou autres

églises qui seraient en possession bien et dûment
établie d'administrer les baptêmes ou de célébrer les
mariages ou de faire les inhumations.» C'était reconnaître la compétence des administrateurs de ces
divers établissements qui appartenaient pour la plupart au clergé régulier.

Les fonctions confiées aux membres du clergé catholique relativement à la constatation de l'état civil
ne consistaient pas seulement dans la rédaction
d'actes relatant les baptêmes, mariages et sépultures ; le ministère des curés s'exerçait également,
en matière de mariage. L'Ordonnance de 1567 avait
fait de la présence du prêtre un élément de validité
du mariage, mais quelle était exactement la fonction
de celui-ci ? Devait-il jouer un rôle actif ou suffisait-il
qu'il fût témoin de l'échange des consentements ?
Les théologiens donnaient du texte du Concile de
Trente dont l'Ordonnance de 1567 reproduisait les
principes une large interprétation. Ils validaient le
mariage, alors même que le prêtre n'y avait assisté
que par hasard ou contraint (Carrière, *De matrimo-
nio*. part. 1, p. 902.). Les Parlements ne furent pas
unanimes à sanctionner cette théorie et un certain
nombre d'arrêts exigèrent, à peine de nullité, la présence volontaire du prêtre. Quoi qu'il en soit, celui-
ci n'était vraiment qu'un simple témoin recevant le
consentement des parties et la bénédiction nuptiale
n'était pas nécessaire pour la validité du mariage.

Admettre le contraire, ce serait méconnaître la volonté du législateur de 1579 qui ne voyait dans le
curé qu'un officier de l'état civil assurant par sa
présence la preuve du mariage. D'ailleurs, si le Concile de Trente annule le mariage célébré hors de la
présence du prêtre, il n'emploie pas des termes aussi
impératifs à l'égard de la bénédiction nuptiale.
Aussi, l'opinion dont nous nous sommes fait l'interprète était-elle dominante aussi bien dans la doctrine
que dans la Jurisprudence de notre ancien droit.

19. — Il nous reste à déterminer dans quel ressort
les officiers de l'état civil pouvaient remplir les fonctions dont ils étaient investis. En principe, leur compétence était territoriale. Les curés ne donnaient un
caractère d'authenticité qu'aux actes relatant les
baptêmes, mariages et sépultures qui avaient lieu
dans leur paroisse. De même, la compétence des supérieurs des chapitres, monastères, hôpitaux et autres associations religieuses ne s'étendait qu'aux
faits d'état civil se produisant dans l'enceinte de la
communauté.

L'Ordonnance de Blois n'avait pas décidé quel prêtre était compétent pour assister à la célébration du
mariage. Les fidèles avaient ainsi une liberté absolue
dans leur choix. La Déclaration du 26 novembre 1639 (1) apporta à ce principe une restriction

(1) Isambert, XVI, p. 234.

importante. L'article premier défendit « à tous prêtres tant réguliers que séculiers de ne célébrer au-
cuns mariages qu'entre leurs vrais et ordinaires pa-
roissiens sans la permission par écrit des curés des
parties ou de l'évêque diocésain ». La compétence
du prêtre, en matière de mariage, devenait donc à
la fois territoriale et personnelle puisqu'il ne pouvait,
même dans sa paroisse, célébrer le mariage de deux
personnes qui n'y étaient pas domiciliées. Cet obstacle disparaissait, toutefois, devant l'autorisation
donnée par le curé ou l'évêque compétent car « le
mariage étant célébré par la permission du curé ou
de l'évêque, c'est comme si l'évêque ou le curé l'eussent eux-mêmes célébré (1) ».

20. — La conclusion qui se dégage de nos recherches est que les fonctions d'officier de l'état civil,
dans l'ancien droit français, furent l'apanage exclusif du clergé. Nous avons indiqué (n° 14) comment
l'Ordonnance de Villers, Cotterets (art. 52) avait prescrit que les registres de baptême, mariage et sépulture seraient contresignés par un notaire. Cette asso-
ciation d'un laïque aux fonctions de l'état civil
constituait pour les fidèles une précieuse garantie
mais, en fait, la pratique ne se conforma pas aux
règles de l'Ordonnance. Les membres du clergé con-
sidérèrent comme une offense envers leur personne
la présence d'un laïque destinée à donner aux

(1) Pothier, *Œuvres*. Edition Bugnet, t. VI, p. 162.

actes rédigés par eux un caractère d'authenticité.
Fontanon atteste, dans ses Observations sur l'ordonnance de 1539, la désuétude dans laquelle était
tombée la disposition de l'article 52. « Cet article,
dit-il, n'est pas observé et n'a coutume le curé de
faire signer lesdits registres par aucun notaire,
mais seulement de sa main et ainsi l'envoyer au
siège royal pour être mis en garde publique, à raison de quoi la foi d'icelui en est plus grande. » Au
surplus, l'innovation introduite en 1539 ne fut pas
rappelée dans les Ordonnances postérieures sur l'état
civil. A plus forte raison, le pouvoir royal ne son-
gea-t-il jamais à enlever au clergé les attributions
dont il l'avait investi. Une telle institution offrait
pourtant de graves défectuosités.

21. — Charger les ministres du culte de fonctions
temporelles, c'était s'exposer à une grande négligence de leur part, dans l'accomplissement de leur
mission. Grâce à la prééminence dont jouissait le
clergé qui formait le premier ordre de la nation et
était régi par une foule de dispositions spéciales, les
curés échappaient à l'action de l'autorité civile. Des
ordonnances les rappelaient maintes fois, il est vrai,
à l'observation des règles édictées, mais ce fut à peu
près en vain. Les curés se préoccupèrent surtout de
la constatation des faits d'intérêt spirituel et lais-
sèrent au second plan tout ce qui assurait la preuve
de l'état civil.

De cette organisation résultait enfin une confusion anormale entre l'état civil et l'état religieux des personnes et même la subordination de l'un à l'autre. Puisque les écrits relatant les naissances, mariages et décès n'étaient rédigés qu'à l'occasion des baptêmes, mariages et sépultures, l'accomplissement de ces cérémonies religieuses devenait indispensable pour donner lieu à la constatation de l'état civil des individus. Bien plus, c'étaient les curés, c'est-à-dire les ministres du culte catholique qui étaient les officiers de l'état civil de droit commun. — Comment, dès lors, assurer la constatation des naissances, mariages et décès, non seulement des irréligieux, mais encore des adeptes des autres religions, tels que les Juifs, les Protestants, etc... L'Ordonnance de Villers-Cotterets, promulguée à l'apparition de la Réforme en France ne s'occupa que des catholiques. — L'Ordonnance de Blois, rendue surtout en haine du protestantisme, n'eut garde d'établir une législation favorable aux réformés. Il eut été logique et juste, cependant, de confier à leurs pasteurs les fonctions dont les curés avaient été investis à l'égard de leurs propres fidèles. Tout au moins, était-il nécessaire de charger des fonctionnaires laïques de la constatation de l'état civil des non catholiques.

22. — Les Juifs n'obtinrent cette satisfaction que par l'Edit de 1787 dont nous analyserons, dans la suite, les dispositions. L'on sait que les Juifs n'avaient

le droit de séjourner en France que dans certaines villes ou par permission spéciale. Les rabbins tenaient, pour la plupart, des registres où ils relataient l'accomplissement des cérémonies religieuses de leur culte, mais ces livres ne pouvaient faire foi en justice que jusqu'à preuve contraire car, à aucune époque de notre histoire, les ministres du culte israélite n'exercèrent les fonctions d'officier de l'état civil.

23. — La constatation de l'état civil des protestants fut également l'objet de diverses mesures d'exception. Durant la seconde moitié du seizième siècle, la religion réformée avait fait, en France, de nombreux adeptes. La royauté soutint contre les idées nouvelles une lutte acharnée qui plongea lo pays tout entier dans une suite de guerres civiles. Au mois d'avril 1598, Henri IV promulgua un Edit de pacification connu sous le nom d'Edit de Nantes (1), et destiné à amener un apaisement entre les catholiques et les protestants. Il permettait l'exercice du culte réformé et accordait aux pasteurs le droit de procéder aux baptêmes, mariages et sépultures de leurs fidèles. L'Edit était muet sur le mode de constatation de l'état civil des réformés, mais il semblait bien qu'en autorisant la célébration des cérémonies religieuses qui y étaient afférentes, le pouvoir royal avait voulu assigner aux pasteurs protestants, à

(1) Isambert, XV, p. 170.

l'égard de leurs fidèles, le rôle imparti au clergé catholique. La pratique se conforma à cette opinion qui
fut, d'ailleurs, sanctionnée par un arrêt du Conseil
du roi, du 22 septembre 1664 (1). Les pasteurs tin-
rent donc des registres de baptême, mariage et sépulture. De même, à l'instar des prêtres catholiques,
la présence des pasteurs aux mariages des réformés
devint suffisante pour en assurer la validité.

Cette heureuse organisation fut brisée lorsqu'en
1685, Louis XIV révoqua, à Fontainebleau (2), l'Edit
de Nantes, interdit l'exercice du culte réformé et
expulsa ses ministres du royaume. Les protestants
n'eurent plus, dès lors, d'officiers de l'état civil. Pour
assurer la preuve légale de leur état, il leur fallait
violenter leur conscience et faire appel aux offices
du clergé catholique. Un certain nombre de pasteurs, bravant l'Edit de Fontainebleau, restèrent en
France. Nous possédons des registres tenus par eux
après 1685, mais il va sans dire que les actes qu'ils
contiennent n'avaient aucune valeur légale, puisqu'ils émanaient d'officiers incompétents.

24. — L'intérêt des catholiques se trouva même
lésé, car, pour établir en justice, les naissances, mariages et décès des réformés, ils devaient recourir à
la preuve testimoniale. Une satisfaction partielle fut

(1) Filleau, *Décisions catholiques*, p. 865.
(2) Isambert, XIX, p. 530 et s.

donnée à leurs réclamations par la Déclaration du
2 décembre 1685 (1), aux termes de laquelle le décès
des religionnaires devait être constaté sur un registre tenu par le juge royal ou par celui du sei-
gneur justicier. Pour la première fois, en effet, nous
voyons un laïque investi d'une fonction relative à
l'état civil.

25. — Louis XVI fit une application beaucoup plus
générale de cette idée, lorsqu'il publia l'Edit du
28 novembre 1787 (2). Rompant avec les procédés
d'intolérance religieuse de ses deux prédécesseurs,
le roi instituait pour tous les non catholiques, un
mode de constatation de l'état civil. La rédaction
des actes relatant leurs naissances, mariages et
décès était confiée à deux catégories de personnes
auxquelles les intéressés pouvaient indifféremment
s'adresser : les curés et les premiers officiers des
justices des lieux, qu'elles fussent royales ou sei-
gneuriales.

Si une naissance ou un décès était déclaré au curé,
celui-ci l'inscrivait sur le registre ordinaire de la
paroisse. Les officiers de justice tenaient, de leur
côté, des registres analogues. Les bans de mariage
étaient publiés soit par les curés, soit par les officiers de justice. Enfin, innovation importante, la

(1) Isambert, XIX, p. 536.
(2) Isambert, XXVIII, p. 472.

célébration du mariage des non-catholiques perdait son caractère religieux pour revêtir une forme purement civile. Il suffisait aux futurs époux de se transporter, assistés de quatre témoins, dans la maison du curé ou dans celle du juge, et de déclarer qu'ils se prenaient en légitime mariage. L'officier de l'état civil, curé ou juge, prononçait qu'*au nom de la loi*, ils étaient unis (art. 18).

Le rôle des curés n'avait, en l'espèce, aucun caractère religieux. Comme les officiers de justice, ils se bornaient à recevoir les déclarations qui leur étaient faites et à les consigner sur leurs registres.

Le clergé protesta, et avec raison, contre les fonctions dont l'avait investi l'Edit de 1787. En matière de mariage, principalement, il était excessif de contraindre les curés à participer à un acte que leur conscience réprouvait. Le choix des officiers de justice était plus heureux et c'était surtout à leur ministère, on le comprend, que les non-catholiques avaient recours.

L'Edit de 1787 marque une étape considérable dans l'histoire de la législation de l'état civil. Tous les Francais, sans distinction de croyance, pouvaient s'adresser à des fonctionnaires publics chargés de rédiger des procès-verbaux d'où résultait la preuve des naissances, mariages et décès. Le mariage des non-catholiques, dépouillant tout caractère sacramentel, était devenu un acte civil. Un manque d'unité régnait, cependant, dans la législation : les catholiques étaient soumis à des règles différentes de celles qui régissaient les non-catholiques. Ainsi apparaissait nettement la nécessité de répudier la confusion établie jusqu'alors entre la constatation de l'état civil et celle de l'état religieux.

26. — La sécularisation de l'état des personnes devait être le terme normal de l'évolution à laquelle nous avons assisté. Elle fut décrétée par l'Assemblée constituante qui, dans la Constitution de 1791 (titre II, art. 17), (1) posa le principe : « La loi ne considère le « mariage que comme contrat civil. Le pouvoir lé- « gislatif établira, pour tous les habitants sans dis- « tinction, le mode par lequel les naissances, ma- « riages, et décès seront constatés, et il désignera les « officiers publics qui en recevront et consacreront « les actes. »

La séparation entre le temporel et le spirituel était établie. En exécution de cette décision, l'Assemblée législative rendit, le 20 septembre 1792 (2) un Décret par lequel elle confia aux municipalités la tenue des registres de naissance, mariage et décès. « Les municipalités recevront et conserveront à l'avenir les actes destinés à constater les naissances, mariages et décès. » (tit. I, art. 1).

---

(1) Duvergier, *Collection complète des lois...* IV, p. 482.
(2) Duvergier, IV, p. 477.

« Les conseils généraux des communes nomme-
ront parmi leurs membres, suivant l'étendue et la
population des lieux, une ou plusieurs personnes qui
seront chargées de ces fonctions. » (Art. 2).

Toutefois, l'Assemblée déclara, en termes exprès,
que les ministres du culte avaient toujours le droit
de célébrer les cérémonies religieuses relatives aux
naissances, mariages et décès. Les écrits rédigés par
eux, à cette occasion, n'offraient plus, il est vrai,
aucune valeur légale, car seuls les actes civils dressés par les municipalités possédaient, désormais, une
force probante.

La Constitution du 5 fructidor an III (titre VII) re-
porta l'administration des communes de moins de
5 000 habitants au chef-lieu de canton mais, dans
chaque commune, un agent municipal resta investi
des fonctions d'officier de l'état civil.

Enfin, la loi du 28 pluviose an VIII (art. 13) décida :
« Les maires et adjoints rempliront les fonctions administratives exercées maintenant par l'agent municipal et l'adjoint ; relativement à la police et à l'état
civil, ils rempliront les fonctions exercées maintenant par les administrations municipales de canton,
les agents municipaux et les adjoints. »

27. — Le Code civil a maintenu le principe de la
sécularisation de l'état des personnes. Aucun chapitre n'est consacré spécialement aux officiers de l'état
civil, mais l'ensemble du Livre I, titre II et les ter-

mes des travaux préparatoires montrent assez la volonté du législateur de 1804, de consacrer les décisions antérieures. Le Tribun Siméon disait, dans son rapport présenté au Tribunat, le 17 ventôse an XI : « Quand même tous les Français professeraient le « même culte, il serait bon encore de marquer for- « tement que l'état civil et la croyance religieuse « n'ont rien de commun ; que la religion ne peut « donner ni ôter l'état civil ; que la même indépen- « dance qu'elle réclame pour ses dogmes et pour les « intérêts spirituels appartient à la société pour régler « et maintenir l'état civil et les intérêts temporels. « C'est donc avec raison qu'on a conservé l'institu- « tion des officiers de l'état civil conçue par l'Assem- « blée constituante et exécutée par la Législative : le « principe est juste et bon (1) ».

Ces dispositions ont toujours été respectées depuis lors. Les différentes lois municipales qui se sont succédé dans le courant de ce siècle ont même adopté la règle posée par la loi du 28 pluviôse an VIII et confié aux maires et adjoints les fonctions d'officier de l'état civil. — Lorsque, le 28 janvier 1816, M. Lachèze Murel demanda à la Chambre des députés de rendre aux curés les fonctions de l'état civil et d'attribuer le même rôle aux ministres des autres cultes chrétiens, il se heurta à une opposition à peu près

(1) Lucré, *Législation civile de la France*, t. III, p. 202.

générale qui entraîna l'échec de sa proposition (1).

27. — Le principe de la sécularisation de l'état des personnes semble donc avoir définitivement triomphé, dans notre législation. Son maintien est la conséquence nécessaire de la séparation du pouvoir temporel et du pouvoir spirituel. L'état civil intéresse avant tout la société civile et politique ; c'est à ses représentants qu'il appartient d'en établir la preuve.

Si, dans l'ancien droit français, cette vérité a été méconnue, devons-nous taxer le pouvoir royal d'imprévoyance et lui reprocher de n'avoir pas su séparer, en l'espèce, l'élément civil de l'élément religieux ? Nous ne le pensons pas. A l'époque de l'Ordonnance de Villers-Cotterets et même durant le XVIIe siècle, la religion pénétrait trop intimement la loi civile, pour que la société songeât, en matière d'état des personnes, à se dégager de la tutelle de l'Eglise. Une évolution dans les idées était nécessaire (2).

D'autre part, c'était dans les usages suivis par le clergé catholique que la royauté avait puisé le germe de l'organisation de l'état civil. Confier aux curés la tenue des registres nouvellement établis avait été, dès lors, une conception toute naturelle. Il faut se rendre compte, d'ailleurs, que de puissants

(1) J. Mavidal et E. Laurent. *Archives parlementaires*, t. XVI. p. 1 et s.

(2) Thibeaud, *op. cit.*, p. 253 et suiv.

motifs militaient en faveur de leur choix. Les officiers de l'état civil doivent être assez nombreux pour
que les intéressés puissent user aisément de leur ministère. Il faut aussi qu'ils possèdent une certaine
instruction et une probité scrupuleuse. Par son organisation et par ses qualités intrinsèques, le clergé
satisfaisait à ces différents désidérata (1). Chaque paroisse n'avait-elle pas à sa tête un curé, et partant
un officier de l'état civil ?

Les défectuosités inhérentes à une telle organisation
ne se manifestèrent que peu à peu. Elles devinrent
intolérables le jour où elles aboutirent à priver les
reformés de la constatation légale de leur état.
Cette longue période qui s'étend de la révocation
de l'Edit de Nantes à la publication de l'Edit de
1787 fut mortelle pour l'institution de l'état civil
telle que l'ancien droit français l'avait établie. Les
philosophes et les jurisconsultes n'eurent pas de
peine à en dévoiler l'injustice. Condorcet écrivait,
dans un Mémoire sur l'état civil des protestants :
« C'est ôter un droit à un homme que de l'assujettir
« pour exercer ce droit, à des formalités qu'il croit ne
« pouvoir remplir sans blesser sa conscience. » L'Edit
de 1787 fut une satisfaction rendue à l'équité en
même temps que le premier pas vers la sécularisation
de l'état civil dont les hommes de la Constituante,

(1) Thibeaud, *op. cit.*, p. 252.

imbus des idées d'égalité absolue devant la loi, ne pouvaient qu'assurer le triomphe.

Une grave difficulté restait encore à surmonter : l'organisation d'un corps d'officiers de l'état civil laïques. La loi du 14 décembre 1789, créatrice des municipalités, permit de résoudre le problème.

29. — La sécularisation de l'état des personnes fut donc le résultat d'une longue évolution et de circonstances multiples que le législateur du xvie siècle ne pouvait prévoir. En fait, les espérances fondées sur l'institution issue des lois révolutionnaires se sont réalisées et l'excellence du principe admis par elles n'est plus guère contestée, de nos jours. Les nations étrangères l'ont, pour la plupart, inscrit dans leurs lois. La Belgique, la Grèce, l'Italie adoptèrent, de bonne heure, les règles du Code civil français. Plus récemment, l'Allemagne, l'Angleterre et l'Espagne ont suivi le même exemple. Après de longs et retentissants débats, le Parlement Hongrois vient, à son tour, de voter la laïcisation du mariage et la remise aux mains d'officiers civils des registres de naissance et de décès. Ainsi s'effectue progressivement l'adoption générale du principe de la sécularisation de l'état des personnes qui, en présence de la diversité des opinions religieuses, s'impose de plus en plus, dans les législations modernes.

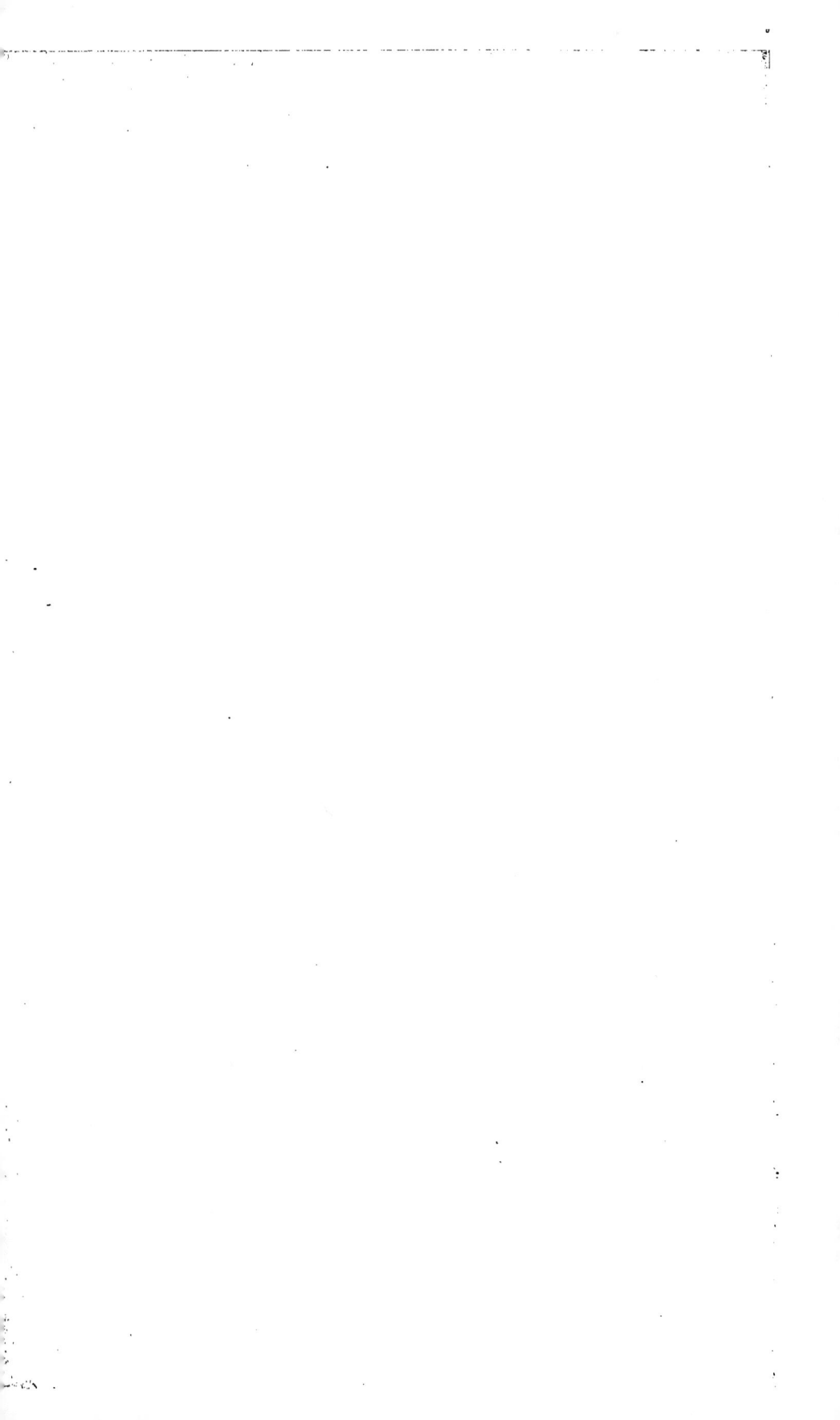

PREMIÈRE PARTIE

DES OFFICIERS DE L'ETAT CIVIL

—

PRÉLIMINAIRES

31. — Nous avons indiqué, en terminant notre Introduction, que la loi des 20-25 septembre 1792 avait confié les fonctions d'officier de l'état civil à un ou plusieurs membres du Conseil général de chaque commune désignés par leurs collègués. Aux termes de l'article 13 de la loi du 28 pluviôse an VIII, article qui n'a pas été abrogé par le Code civil, le maire, chef de l'administration municipale, est en même temps chargé de la rédaction des actes de l'état civil. Il peut, dans les cas spécifiés par des lois administratives postérieures, être remplacé par un adjoint ou par un conseiller municipal.

En désignant les chefs des municipalités pour exercer les fonctions d'officier de l'état civil, les lois administratives ont assuré la constatation normale

des différents faits constitutifs de l'état des personnes.
Cependant, une telle législation serait parfois ineffi-
cace si des dispositions particulières n'étaient venues
la compléter. Qu'une naissance ou qu'un décès se
produise en mer, à l'étranger ou, par exemple, dans
un lieu momentanément privé de communications,
le recours aux officiers de l'état civil ordinaires sera
presque toujours impossible. Il est nécessaire que,
dans de semblables circonstances, d'autres personnes
soient investies par la loi, de la mission confiée, en
temps normal, à certains membres des municipalités.

Une étude rationnelle des officiers de l'état civil
doit donc se diviser en deux chapitres, le premier
consacré aux officiers de l'état civil de droit commun, le second aux officiers de l'état civil spéciaux.
C'est ce plan que nous allons suivre dans le cours de
nos explications, en traitant, dans un troisième chapitre, des sanctions attachées à l'observation des
règles posées par le législateur.

CHAPITRE PREMIER

DES OFFICIERS DE L'ÉTAT CIVIL DE DROIT COMMUN

SECTION I

Maires.

32. — « Les maires et adjoints rempliront les fonc-
« tions administratives exercées maintenant par
« l'agent municipal et l'adjoint ; relativement à la
« police et à l'état civil, ils rempliront les fonctions
« exercées maintenant par les administrations mu-
« nicipales de canton, les agents municipaux et les
« adjoints » (loi du 28 pluviôse an VIII, article 13).

Les termes dans lesquels cet article est conçu
pourraient laisser supposer que les maires et les adjoints ont une égale capacité pour remplir les fonctions d'officier de l'état civil, qu'il n'existe entre eux,
à ce point de vue, aucune hiérarchie. Cette opinion
a été soutenue, notamment, par Demolombe (*Cours
de droit français*, t. I, n° 278). A l'appui de sa thèse,
l'éminent auteur établit une distinction entre les at-

tributions administratives du maire et ses fonctions d'officier de l'état civil. L'adjoint, prétend-il, ne peut exercer les premières qu'en cas d'absence ou d'empêchement du maire — les lois administratives sont formelles sur ce point — mais, pour les secondes, une capacité personnelle lui est impartie (1).

L'argument nous semble bien subtil. La loi du 8 pluviôse an VIII, en répudiant le principe des administrations collectives a eu justement pour but de concentrer dans les mains du maire l'action administrative. « Le maire est seul chargé de l'administration », ont répété, depuis lors, les diverses lois municipales. L'article précité nous paraît être une application de cette règle générale et non une exception qui serait, d'ailleurs, injustifiée. En donnant aux maires et aux adjoints la mission de tenir les registres de naissance, mariage et décès, le législateur de l'an VII a voulu certainement laisser entre eux les différences que comporte la hiérarchie municipale. Pourquoi prétendre qu'il ait établi une distinction entre les attributions administratives des maires et celles qui sont relatives à l'état civil? La loi du 28 pluviôse an VIII ne confond-elle pas les unes et les autres dans un même texte? « Relative-
« ment à la police et à l'état civil, les maires et ad-

(1) Sic. Desclozeaux, *Encyclopédie du droit*, Actes de l'état civil, n° 12.

« joints rempliront les fonctions... » dit l'article 13. Si les adjoints ne sont pas investis de plein droit de l'action administrative, en matière de police, il doit en être de même en matière d'état civil. La loi n'a pas fait la distinction qu'on lui attribue et rien n'autorise à suppléer à son silence.

Vainement soutiendrait-on que les articles de la loi des 20-25 septembre 1792 qui confièrent les fonctions d'officier de l'état civil « aux municipalités » sont toujours en vigueur. Les dispositions de la loi de 1792 étaient en harmonie avec l'organisation communale créée par la loi du 14 décembre 1789, mais elles sont inconciliables avec le principe d'unité d'action adopté par le législateur de l'an VIII. Les lois municipales subséquentes témoignent, elles aussi, de l'intention d'unir la tenue des registres de l'état civil à la gestion des intérêts municipaux, en les confiant aux maires. Cela est si vrai que, prévoyant le cas où un obstacle quelconque rend difficiles les communications d'une fraction de commune avec son chef-lieu, les lois municipales de 1837, de 1855 et de 1884 ont permis de créer, dans cette fraction de commune, un poste d'officier de l'état civil. Détacher ainsi du faisceau des attributions municipales celles qui sont relatives à l'état civil, c'est reconnaître qu'en principe, les unes et les autres suivent le même sort.

Une Circulaire du ministre de l'Intérieur, en date

du 30 juillet 1807, est conforme à notre opinion. Elle déclare : « Dans beaucoup de villes, un adjoint au maire est chargé de l'état civil et fait les actes en son nom, quoique le maire soit présent. L'adjoint ne peut remplir cette fonction qu'en vertu d'une délégation spéciale du maire, parce que ce dernier est seul administrateur et officier de l'état civil chargé du dépôt des registres. Par cette raison, l'acte est vicieux, ainsi que les expéditions ou extraits qu'on en délivre, s'il n'y est pas fait mention de la délégation faite par le maire. »

Le 12 juin 1850, un jugement du Tribunal d'Issoudun, confirmé, le 19 juillet suivant, par le Tribunal de Châteauroux jugeant sur appel, exprimait le même avis : « Considérant, est-il dit dans les motifs de ce jugement, que la loi sur l'organisation municipale attribue au maire seul le titre d'officier de l'état civil et que ce n'est qu'accidentellement que l'adjoint peut remplacer le maire dans ses fonctions... »

Telle est aussi l'opinion de la majorité des auteurs (1).

Une véritable confirmation législative résulte même de la loi du 5 avril 1884 qui décide qu'au cas de suspension, de révocation ou de tout autre empê-

---

(1) Aubry et Rau, *Cours de dr. civil*, t. I, p. 195. § 36. Rieff, *Commentaire sur les actes de l'état civil*, p. 133.

chement, le maire est provisoirement remplacé, dans la plénitude de ses fonctions, par un adjoint... (art. 84). Ce membre de phrase « *dans la plénitude de ses fonctions* » indique nettement que l'ensemble des pouvoirs du maire, qu'ils soient relatifs à l'état civil ou à l'administration, passent aux adjoints. Ceux-ci ne sont donc pas investis, de plein droit, des fonctions d'officier de l'état civil. Autrement, les termes dont s'est servi le législateur de 1884 n'auraient pas raison d'être. Leur importance s'accroît encore, si nous observons que l'expression précitée ne figure pas dans les lois municipales antérieures. Elle est une innovation introduite en 1884, à une époque où la question du remplacement des maires comme officiers de l'état civil préoccupait la jurisprudence et l'opinion publique auxquelles le législateur semble avoir voulu donner satisfaction.

Nous concluons donc que les maires sont, en principe, les seuls officiers de l'état civil. Les adjoints ne sont appelés à exercer ces fonctions que par voie de suppléance ou de délégation.

33. — N'existe-t-il pas, toutefois, une exception à l'égard des adjoints de la ville de Paris ? — Nous ne le pensons pas, bien que l'affirmative soit généralement soutenue. Les textes sur lesquels la doctrine contraire appuie ses conclusions sont loin de nous paraître probants.

Tout d'abord, voyons dans quels termes s'exprime

l'article 16 de la loi du 28 pluviôse an VIII. Il est
ainsi conçu : « A Paris, dans chacun des arrondisse-
« ments municipaux, un maire et deux adjoints sont
« chargés de la partie administrative et des fonc-
« tions relatives à l'état civil. » Les partisans de la
capacité collective des maires et des adjoints, en
matière d'état civil, voient dans ce texte une écla-
tante confirmation de leur théorie. A plus forte raison, appliquent-ils aux adjoints de la ville de Paris
les dispositions qu'ils veulent étendre d'une façon
générale. Nous n'aurons pas de peine à réfuter leur
raisonnement. Le législateur de l'an VIII, en se ser-
vant dans l'article 16 des termes déjà employés lors
de la rédaction de l'article 13, a voulu leur donner
une signification identique. Nous avons établi qu'en
désignant les maires et les adjoints pour remplir les
fonctions d'officier de l'état civil, l'article 13 n'avait
nullement cherché à porter atteinte à la hiérarchie
créée par les lois administratives entre ces deux catégories de fonctionnaires. Il en est de même dans
l'espèce qui nous occupe. Une interprétation différente conduirait à donner, en matière administrative, aux adjoints de la ville de Paris, une capacité
égale à celle des maires. La loi de l'an VIII ne dit-
elle pas : « un maire et deux adjoints sont chargés
de la partie *administrative* et des fonctions relatives
à l'état civil » ? Or, notre système de législation
s'oppose, d'une manière absolue, à une semblable

solution. Le maire est seul administrateur. La loi du 28 pluviôse qui a introduit, en France, le principe de l'unité d'action ne peut avoir apporté une telle exception à la règle générale.

L'argument tiré d'un avis du Conseil d'Etat, en date du 8 mars 1808 et non inséré au *Bulletin des Lois*, nous convaincra-t-il davantage ? Cet avis a décidé qu'en raison du grand nombre des actes de l'état civil dressés à Paris et de la célérité que leur expédition exige, « les adjoints doivent continuer « à recevoir les actes de l'état civil, sans qu'il soit « besoin de délégation du maire. »

Les considérants invoqués par le Conseil d'Etat, remarquons-le en passant, militent en faveur de l'interprétation que nous avons donnée ci-dessus de l'article 13 de la loi du 28 pluviôse an VIII. Le dispositif de l'avis précité, en confiant de plein droit aux adjoints aux maires de Paris, les fonctions d'officier de l'état civil, a eu pour but d'établir une exception à la règle générale énoncée par nous ; il en reconnaît donc l'exactitude.

Cette constatation faite, quelle valeur juridique devons-nous attribuer à l'avis du 8 mars 1808 ? — L'on sait que, sous le Premier Empire, les avis du Conseil d'Etat rendus pour l'interprétation d'un texte législatif avaient force de loi. Deux conditions étaient nécessaires pour qu'il en fût ainsi : l'approbation impériale et l'insertion au *Bulletin des Lois*.

En approuvant les avis du Conseil d'Etat, l'Empereur se les appropriait, en quelque sorte, les convertissait en Décrets. Or, la Constitution du 22 frimaire an VIII autorisait le pouvoir exécutif, c'est-à-dire le Premier Consul et, plus tard, l'Empereur, à rendre des Décrets qui devenaient obligatoires comme les lois elles-mêmes si, dans un délai de dix jours, ils n'avaient pas été attaqués par le Sénat pour inconstitutionnalité (art. 21). La promulgation, résultant de l'insertion au *Bulletin des Lois,* portait à la connaissance des intéressés le Décret ou l'Avis du Conseil d'Etat intervenu. Elle constituait une importante mesure de publicité dont l'absence a toujours été considérée par la doctrine et par la jurisprudence comme une cause de nullité absolue (1). Nous avons indiqué antérieurement que l'avis du Conseil d'Etat du 8 mars 1808 n'a pas été inséré au *Bulletin des Lois.* Il faut en conclure qu'il est dénué de toute force obligatoire et, par suite, qu'il ne saurait être invoqué comme établissant une dérogation au principe général posé par la loi du 28 pluviôse an VIII. Les adjoints aux maires de Paris restent donc soumis à la règle normale et c'est seulement par voie de suppléance ou de délégation qu'ils peuvent être appelés à jouer le rôle d'officiers de l'état civil.

---

(1) Cass. rejet 12 déc. 1838, D. P. 1839, I, 28. Cass. req. 16 avril 1838. D. P. 1838, I, 214.

SECTION II

Adjoints.

34. — Les adjoints, c'est-à-dire ceux des membres du Conseil municipal désignés par leurs collègues pour être les auxiliaires du maire, ont une vocation éventuelle à exercer les fonctions d'officier de l'état civil. Nous en avons constaté la preuve, en étudiant l'article 13 de la loi du 28 pluviôse an VIII. Les différentes lois municipales qui se sont succédé, depuis lors, ont toujours placé à côté du maire un ou plusieurs adjoints. En créant ces fonctionnaires, le législateur s'est proposé d'assurer dans la commune l'exercice permanent de l'action administrative. Le maire est seul chargé de l'administration, mais les circonstances peuvent l'empêcher de remplir ses fonctions. C'est pourquoi la loi du 5 avril 1884 décide : « qu'en cas d'absence, de suspension, de révocation ou de tout autre empêchement, le maire est provisoirement remplacé, dans la plénitude de ses fonctions, par un adjoint, dans l'ordre des nominations... » (art. 84).

Nous avons déjà établi que l'expression «dans la plénitude de ses fonctions», vise à la fois les attributions administratives du maire et ses fonctions relatives à l'état civil. Donc, le maire absent ou empêché, l'adjoint est appelé, *ipso facto*, à le remplacer comme officier de l'état civil. C'est de la loi seule qu'il détient la délégation qui lui est confiée. Il l'exerce même sans contrôle car, en suppléant le maire, l'adjoint est investi de la plénitude de son autorité, sous sa responsabilité personnelle.

35. — La loi de 1884 a confié le remplacement du maire à un seul adjoint. Cette disposition n'a de raison d'être que pour les communes dont la population dépasse 2 500 habitants, car celles-là seules sont dotées de plusieurs adjoints. Le silence du législateur aurait eu pour effet d'attribuer aux adjoints, en cas d'empêchement du maire, une capacité collective. Une telle solution était incompatible avec le principe de l'unité d'action introduit dans notre organisation administrative par la loi du 28 pluviôse an VIII. Aussi, de même que le maire est seul chargé de l'administration et de l'état civil, ses pouvoirs sont confiés, en son absence, à un agent unique qui est, dans l'espèce, un adjoint, le premier dans l'ordre des nominations (Art. 84) La suppléance du maire se trouve donc dévolue tout d'abord au premier adjoint ; elle ne passe successivement aux autres que si ceux qui les précèdent sont, à leur tour, absents ou empêchés.

36. — Les adjoints peuvent exercer les fonctions d'officier de l'état civil sans que le maire soit absent

ou empêché, si ce dernier leur a délégué cette partie de ses attributions. Le droit de délégation repose sur l'impossibilité où se trouvent souvent les maires de remplir, par eux-mêmes, les différentes fonctions dont ils sont investis. En confiant une partie de leurs attributions à des auxiliaires, les officiers municipaux simplifient leur tâche administrative sans porter atteinte au principe de l'unité d'action, car ils conservent sur leurs délégués un pouvoir de surveillance et sont responsables de leurs actes. La loi du 28 pluviôse an VIII n'avait pas statué sur cette question qui a été résolue par l'article 7 de l'arrêté consulaire du 1er pluviôse, an IX, dont les lois de 1837 et de 1884 ont adopté la solution.

37. — La délégation offre des différences profondes avec la suppléance. Elle n'a pas lieu de plein droit, mais par la volonté du maire, chargé de l'administration ; lui seul peut se dessaisir, au profit d'un autre, d'une portion de son autorité. Le législateur de 1884 a même exigé que la volonté du maire se manifestât dans une forme spéciale, « par arrêté » dit l'article 84. Cette innovation a été introduite dans l'intérêt des administrés. « N'y a-t-il pas le plus haut avantage, disait le rapporteur de la loi, au Sénat (*Débats parlementaires*, année 1884, p. 559) à ce que le tiers qui doit se préoccuper de la régularité de l'opération qu'il va faire, sache d'une façon certaine que celui à qui il s'adresse est investi régulièrement,·

par un arrêté écrit dont il reste trace, de la fonction qu'il doit exercer vis-à-vis de lui ? »

La délégation faite par le maire laisse subsister sa responsabilité personnelle. L'adjoint n'agit que comme auxiliaire du maire, unique administrateur, et par conséquent, responsable des actes accomplis par son subordonné. La loi lui reconnaît, d'ailleurs, un droit formel de surveillance à l'égard de son délégué. Il peut, en outre, se substituer à l'adjoint et même par un nouvel arrêté, lui retirer les fonctions qu'il lui avait confiées.

Nous avons indiqué, en traitant de la suppléance, que les pouvoirs du maire, absent ou empêché, passaient à un adjoint, le premier dans l'ordre des nominations. Lorsque le maire délègue ses fonctions, la loi l'oblige bien à s'adresser aux adjoints, s'ils sont présents, mais elle n'établit entre eux aucune hiérarchie. La différence de solution est facile à justifier. La suppléance résulte d'un cas fortuit qui empêche le chef de la municipalité d'exercer ses fonctions. C'est donc l'ensemble des pouvoirs du maire que le suppléant recueille. Si le rang des adjoints n'était pas suivi, il faudrait nécessairement accorder à ces officiers une capacité collective, résultat opposé au principe de l'unité d'action. Dans le cas de délégation, au contraire, le maire est présent. La transmission d'une partie de ses pouvoirs a seulement pour but de diminuer les charges résultant pour lui de l'exercice des fonctions municipales. Une seule condition est imposée au maire par la loi, celle de choisir son délégué parmi les adjoints, s'ils sont présents, car c'est surtout en prévision de ces circonstances qu'ils ont été institués. Cette limitation établie, pourquoi le maire serait-il contraint de respecter l'ordre des nominations ? Une délégation de pouvoirs suppose une confiance absolue du mandant à l'égard du mandataire, et aussi une aptitude personnelle de ce dernier à remplir les fonctions qui lui sont confiées. La délégation est toujours partielle ; elle comporte, par exemple, l'état civil, la police, l'octroi, etc... Il est évident que tous les adjoints n'ont pas une égale aptitude à exercer ces différentes attributions municipales. Si le maire, responsable des actes de ses délégués, n'avait pas le droit de choisir celui des adjoints qu'il croit le plus apte à remplir les fonctions dont il veut se décharger, ce serait singulièrement amoindrir les avantages attachés à la faculté de délégation qui lui est conférée. Le législateur de 1884 a donc, à juste titre, reproduit la règle posée par les lois administratives antérieures.

38. — Plusieurs adjoints peuvent avoir reçu du maire une délégation relative à l'état civil. L'article 82 de la loi du 5 avril 1884 dit, en effet, que « le maire peut déléguer une partie de ses fonctions à un ou plusieurs adjoints ». Rien ne s'oppose, par conséquent, à ce que l'un des adjoints soit chargé du ser-

vice des décès, tandis qu'un autre aura mission de
rédiger les actes de naissance ou de célébrer les mariages. Le principe de l'unité d'action n'en est pas
moins respecté, puisque les adjoints agissent toujours
sous la surveillance et la responsabilité du maire,
seul administrateur et seul officier de l'état civil.

SECTION III

Conseillers municipaux.

39. — Les conseillers municipaux peuvent, comme
les adjoints, être appelés à exercer les fonctions
d'officier de l'état civil, soit par voie de suppléance,
soit par voie de délégation. Parfois même, ils sont
investis, de plein droit, de cette mission.

40. — 1° *Par voie de suppléance.* — L'article 84 de
la loi du 5 avril 1884 dispose : « En cas d'absence
« ....., le maire est remplacé....., à défaut d'adjoints,
« par un conseiller municipal désigné par le Conseil,
« sinon pris dans l'ordre du tableau. »

L'origine de cette disposition remonte à la loi
des 20-25 septembre 1792 qui, en cas d'absence ou
d'empêchement légitime de l'officier public chargé
de recevoir les actes de naissance, mariage et décès,
appelait « le maire ou un autre membre du Conseil
général, à l'ordre de la liste. » (Art. 4). Ces prescrip-

tions étaient en harmonie avec l'organisation municipale constituée par la loi du 14 décembre 1789 qui
avait créé les administrations collectives, abolies
plus tard par la loi du 28 pluviôse an VIII. L'Arrêté consulaire du 2 pluviôse an IX et le Décret du
4 juin 1806 ne consacrèrent que l'aptitude des adjoints à la suppléance du maire. Une véritable lacune
existait ainsi dans la législation et la pratique dut y
porter remède en recourant, à défaut d'adjoints,
aux conseillers municipaux. Cet usage fut sanctionné
par l'article 5 de la loi du 21 mars 1831, laquelle
désigna, pour remplacer le maire et les adjoints
empêchés, « le conseiller municipal, le premier dans
« l'ordre du tableau. » Reproduite par le législateur
du 5 mai 1855, cette disposition a été insérée dans
la loi du 5 avril 1884 qui lui a fait subir, toutefois,
une modification importante.

Deux conditions sont nécessaires pour qu'un conseiller municipal puisse remplir les fonctions d'officier de l'état civil, par voie de suppléance.

A) l'absence ou l'empêchement du maire et des
adjoints.

La prérogative attribuée aux adjoints se conçoit
aisément, car ceux-ci n'ont été créés que pour être
les auxiliaires du maire et ses remplaçants éventuels.

B) la désignation de ce conseiller faite par le Conseil ou, à défaut de cette désignation, la priorité
dans l'ordre du tableau.

Nous avons expliqué ci-dessus (n° 35) pour quel motif le rang des adjoints doit être suivi, lorsqu'il y a lieu à suppléance. Les mêmes raisons ont déterminé le législateur à désigner, parmi les conseillers municipaux, le premier dans l'ordre du tableau. Cette disposition ne sera pas, d'ailleurs, exécutée si, par un vote spécial, le Conseil confie le pouvoir municipal à un autre de ses membres. La loi du 5 mars 1855 avait investi le Préfet de cette faculté. L'innovation du législateur de 1884 nous paraît heureuse, car le Conseil municipal possède, à l'égard de ses membres, des éléments d'appréciation qui lui permettent de faire un choix plus éclairé que ne pouvait l'être celui du Préfet.

41. — 2° *Par voie de délégation.* — « Le maire peut déléguer une partie de ses fonctions, en l'absence ou en l'empêchement des adjoints, à un des membres du Conseil municipal ». (Loi du 5 avril 1884, art. 89).

Ainsi, dans l'exercice de son droit de délégation, le maire ne peut franchir le cercle de ses adjoints présents et non empêchés. Ces derniers ne sont-ils pas ses collaborateurs naturels? Leur nombre, variable suivant le chiffre de la population de la commune, doit suffire pour assurer l'exercice de l'action municipale. Il est possible, cependant, que tous les adjoints soient absents ou empêchés. Le maire se trouvera-t-il, par cela même, privé de la faculté de se décharger de certaines de ses attributions sur des auxiliaires souvent indispensables ? L'Arrêté consulaire du 2 pluviôse an IX et le Décret du 4 juin 1806 n'avaient aucunement prévu le remplacement du maire par un conseiller municipal. La loi du 21 mars 1831 passa sous silence la question de la délégation qui fut nettement tranchée, pour la première fois, par la loi du 18 juillet 1837. Cette dernière loi maintint la prérogative des adjoints, permettant au maire de déléguer, en leur absence, une partie de ses pouvoirs au conseiller municipal, le premier dans l'ordre du tableau. Cette solution fut adoptée, le 17 février 1883, par la Chambre des députés, lors de la première délibération sur le projet d'organisation municipale qui est devenu la loi du 5 avril 1884. Cependant, l'obligation imposée au maire de suivre l'ordre du tableau, lorsqu'il délègue une partie de ses fonctions à un conseiller municipal, n'a pas été maintenue, dans le texte définitif.

Bien que cette innovation ait suscité diverses critiques (1), nous pensons, qu'en l'établissant, le législateur de 1884 a été sagement inspiré. Les conseillers municipaux ne participent normalement qu'à une mission de délibération. Si, à titre exceptionnel, un rôle actif peut leur être confié, il ne nous paraît pas utile, en la circonstance, de suivre l'ordre du tableau.

(1) D. P. 1884, I, 3, note de M. Ducrocq.

Celui-ci ne résulte que du nombre des suffrages obtenus, lors des élections municipales, par les différents conseillers et ne préjuge aucunement de leurs capacités. C'est pourquoi le Conseil municipal peut, en cas d'absence du maire et des adjoints, désigner un conseiller quelconque, en leur remplacement. Le maire, investi du droit de délégation qu'il exerce sous sa responsabilité personnelle, doit avoir la même liberté dans son choix. Remarquons, d'ailleurs, que la délégation des pouvoirs du maire aux conseillers municipaux n'est possible qu'en l'absence des adjoints, condition qui limite singulièrement sa sphère d'application. La loi du 5 avril 1884 n'a même rien innové, en matière de suppléance. Si le maire et les adjoints sont absents, le droit de remplir les fonctions municipales n'est dévolu aux conseillers municipaux qu'en suivant l'ordre du tableau.

42. — 3° *De plein droit.* — Les maires et les adjoints sont nommés pour la même durée que le Conseil municipal. En principe, ils continuent l'exercice de leurs fonctions jusqu'à l'installation de leurs successeurs. Toutefois, au cas de renouvellement intégral du Conseil, cette dernière règle subit une exception. Les pouvoirs du maire et ceux des adjoints cessent, à partir du jour où le nouveau Conseil municipal est installé. Or, entre cette date et celle de la nomination du maire et des adjoints, il peut s'écouler une certaine période. Le législateur a

voulu éviter un contact peut-être irritant entre l'an-
cienne municipalité et le nouveau Conseil. Aussi la
loi du 5 avril 1884 dispose-t-elle que, durant le délai
dont nous avons parlé, les fonctions de maire et
d'adjoints sont exercées par les conseillers municipaux, dans l'ordre du tableau. Le conseiller municipal, le premier de la liste, est donc investi de toutes
les attributions du maire et par cela même devient
officier de l'état civil, sauf pour lui, la faculté d'user
du droit de délégation qu'il peut exercer au profit de
ses collègues inférieurs en rang. Ces dispositions ne
sont, en somme, que l'application pure et simple des
règles énoncées dans l'article 84 relativement à la
suppléance du maire en cas d'absence, de suspension, de révocation ou de tout autre empêchement de ce dernier.

SECTION IV

Président et Vice-Président de la Délégation spéciale.

43. — « En cas de dissolution d'un conseil municipal, ou de démission de tous ses membres en exercice, et lorsqu'un conseil municipal ne peut être
constitué, une délégation spéciale en remplit les
fonctions. » (Loi du 5 avril 1884, art. 44).

Les pouvoirs de cette Commission, composée de
trois à sept membres, selon le chiffre de la population de la commune, sont limités par la loi aux actes
de pure administration conservatoire et urgente. Le
président de la Commission exerce, au contraire,
dans toute leur plénitude, les attributions du maire.
C'est donc lui ou, à son défaut, le vice-président qui
devient investi des fonctions d'officier de l'état civil.
Ses pouvoirs expirent le jour de l'installation du
nouveau Conseil, alors même qu'il ne serait pas procédé immédiatement à la nomination d'un nouveau
maire. Dans ce dernier cas, les fonctions de maire
sont exercées par le conseiller municipal, le premier
dans l'ordre du tableau (art. 81).

APPENDICE

LE PRÉFET PEUT-IL, DANS CERTAINS CAS, EXERCER LES FONCTIONS D'OFFICIER DE L'ÉTAT CIVIL ?

44. — « Dans le cas où le maire refuserait ou négligerait de faire un acte qui lui est prescrit par la loi, le préfet peut, après l'en avoir requis, y procéder d'office, par lui-même ou par un délégué spécial. » (Loi du 5 avril 1884, art. 85).

Ce texte qui reproduit intégralement les termes de l'article 15 de la loi du 18 juillet 1837 fait partie de l'ensemble des dispositions prises par le législateur pour assurer l'exercice permanent de l'action administrative. Le maire, présent, refuse ou néglige d'accomplir un acte qui lui est formellement prescrit par la loi : les adjoints et les conseillers municipaux ne peuvent, en l'absence d'une délégation spéciale, remplacer le maire, seul administrateur. Il est nécessaire, cependant, que les prescriptions de la loi soient exécutées et c'est dans ce but que les législateurs de 1837 et de 1884 ont chargé le Préfet, supé-

rieur hiérarchique du maire, d'accomplir par lui-
même ou par un délégué spécial, l'acte inexécuté par
son subordonné.

45. — L'article 85 n'est applicable qu'à l'égard des
actes prescrits par la loi, tels que la confection des
listes de recrutement, la nomination des présidents
de sections de vote... etc. C'est en ce sens que Mon-
sieur Vivien, rapporteur de la loi de 1837, disait :
« Pour éviter une incertitude, nous avons effacé de
l'article tous les mots qui présenteraient une signification vague et nous limitons le droit du Préfet aux
seuls cas où le maire a refusé de faire un acte formellement prescrit par la loi... (1) ». Le législateur
de 1884 s'est proposé un but identique, car le texte
de l'article 85 est la reproduction intégrale de l'article 15 de la loi du 18 juillet 1837.

D'autre part, d'après l'article 92 de la nouvelle loi
municipale, le maire est chargé, *sous l'autorité de
l'administration supérieure...* « 3° des fonctions spéciales qui lui sont dévolues par les lois. » Les attributions du maire relatives à l'état civil rentrent évidemment dans cette troisième catégorie.

Faut-il conclure de ces différentes constatations
que, si un maire refusait ou négligeait d'accomplir
un acte relatif à l'état civil, le Préfet pourrait personnellement, en vertu des articles 85 et 92 combinés,

(1) Duvergier, *op. cit...* Année 1837, p. 238.

se substituer au chef de la municipalité ? Nous ne le
pensons pas (1).

A vrai dire, c'est bien en qualité de représentant
du pouvoir central et non comme agent de la commune que le maire est chargé de l'état civil. Toutefois, l'autorité administrative ne peut exercer aucun
contrôle sur les officiers de l'état civil qui ne relèvent,
à ce point de vue, que de l'autorité judiciaire. Par
conséquent, donner au Préfet, vis-à-vis du maire,
officier de l'état civil, le droit de contrainte qui résulte de l'article 85, ce serait violer les dispositions
les plus formelles de notre droit moderne.

Sans doute, le législateur n'a établi, dans l'article 85, aucune distinction entre *les différents actes
prescrits au maire par la loi,* mais il n'a pu que sous-
entendre une exception nécessitée par le respect des
principes. La prérogative du préfet se justifie facilement lorsque le maire néglige, par exemple, de dresser la liste annuelle de recrutement ou de procéder à
la revision de la liste électorale. Son intervention ne
se comprend plus devant le refus du maire de recevoir un acte de reconnaissance ou de célébrer un
mariage : les contestations relatives à l'état civil
sont du ressort des tribunaux et non de l'administration. Le Préfet est suffisamment armé, d'ailleurs,

_____

(1) Sic : Baudry Lacantinerie et Houques Fourcade. *Traité des
personnes,* t. I, p. 534.

pour le cas où l'inaction du maire résulterait d'une mauvaise volonté injustifiée. La suspension dont l'officier municipal peut être frappé, aurait pour résultat d'attribuer à l'adjoint tous les pouvoirs du maire, y compris ceux qui concernent l'état civil.

46. — Une Circulaire du ministre de l'Intérieur, en date du 15 mai 1884, refuse au Préfet le droit d'exercer personnellement les fonctions d'officier de l'état civil, mais elle lui reconnaît, dans l'hypothèse de l'article 85, le pouvoir de nommer un délégué spécial chargé d'accomplir l'acte en suspens. Ce système mixte qui admet et repousse à la fois l'opinion dont nous nous sommes fait l'interprète ne nous paraît pas acceptable. Si l'article 85 s'applique aux actes accomplis par le maire, en qualité d'officier de l'état civil, toutes ses dispositions doivent être respectées. Rien n'indique que le législateur ait songé à établir la distinction adoptée par le ministre de l'Intérieur. La théorie de la Circulaire nous semble, d'ailleurs, en contradiction avec les principes généraux du droit. Puisque le Préfet n'a pas compétence pour remplacer le maire, officier de l'état civil, comment pourrait-il conférer à son mandataire un pouvoir qu'il ne possède pas lui-même?

CHAPITRE II

DES OFFICIERS DE L'ÉTAT CIVIL SPÉCIAUX

47. — Nous venons d'exposer quelles sont, en droit commun, les personnes investies par la loi des fonctions d'officier de l'état civil.

Il nous reste à déterminer, dans ce second chapitre, les règles établies par le législateur pour les cas où le recours aux officiers de l'état civil ordinaires devenant difficile, parfois même impossible, il y a lieu de confier tout ou partie des attributions de ces fonctionnaires à des mandataires spéciaux.

SECTION I

Adjoint spécial.

48. — La création d'un poste d'adjoint spécial devient nécessaire, « lorsqu'un obstacle quelconque ou l'éloignement rend difficiles, dangereuses ou momentanément impossibles les communications entre

le chef-lieu et une fraction de la commune. » (Loi du 6 avril 1884, art. 75).

Dans de semblables circonstances, comment sera-t-il pourvu à la constatation légale des différents faits relatifs à l'état civil ? Les prescriptions de la loi ne peuvent être suivies par les intéressés puisqu'un obstacle matériel s'oppose à leur accomplissement.

Le meilleur moyen de remédier à un tel état de choses est de confier à l'un des membres de la fraction de commune isolée les fonctions d'officier de l'état civil, dans cette partie de territoire. Déjà la loi du 18 floréal an X, article 3, avait adopté cette solution qui fut reproduite par les lois municipales de 1831 et de 1855. Conformément aux dispositions générales de ces dernières lois, l'adjoint spécial était nommé par le chef de l'Etat ou par le Préfet, selon le chiffre de la population de la commune. La loi du 5 avril 1884, en maintenant les dispositions précédentes, devait nécessairement les mettre en harmonie avec la nouvelle organisation municipale créée par elle. C'est ainsi qu'elle confie aux conseillers municipaux le soin de nommer l'adjoint spécial. Ce dernier doit être pris parmi les conseillers résidant dans la fraction de commune intéressée. S'il n'en existe pas, ou si ces conseillers sont empêchés, le choix du Conseil municipal peut se porter sur l'un quelconque des habitants de la fraction.

49. — La loi ne détermine pas autrement les qualités que doit réunir l'adjoint spécial. Faut-il en conclure que nous devons nous reporter, à ce point de vue, aux règles établies pour les autres adjoints ou pour les conseillers municipaux appelés à en faire fonctions ? Nous ne le pensons pas.

La création des adjoints spéciaux est motivée par des circonstances particulières auxquelles il est nécessaire de sacrifier (1), Le législateur ne leur accorde guère que des attributions relatives à l'état civil et ne les rend pas de véritables administrateurs. Tout au plus ces fonctionnaires peuvent-ils être chargés de l'exécution des lois et des règlements de police. Nous croyons donc qu'il suffit aux adjoints spéciaux d'être Français, majeurs, et d'avoir la jouissance de leurs droits civils et politiques, qualités exigées de tout officier public (2).

50. — La nomination d'un adjoint spécial porte-t-elle atteinte au pouvoir du maire en matière d'état civil ? Plusieurs auteurs ont soutenu la négative, assimilant la nomination de ce fonctionnaire à une délégation légale qui, comme toutes les autres, laisse subsister les droits du chef de la municipalité. Si donc

---

(1) On a dû, dans certaines fractions de commune, confier les fonctions d'adjoint spécial au desservant.

(2) Contra-Morgand, *La loi municipale*, t. I, p. 389.

le maire est présent dans la fraction de commune
pourvue d'un poste d'adjoint spécial, il lui sera possible de se substituer à son délégué.

Cette opinion nous paraît erronée. La mission confiée aux adjoints spéciaux n'est pas une véritable délégation. C'est une transmission de pouvoirs qui,
pour n'être parfois que temporaire, n'en reste pas
moins absolue, tant qu'elle subsiste. Telle a été certainement la pensée du législateur en rédigeant l'article 75 de la loi du 5 avril 1884.

En effet, l'article 82 de la même loi déclare expressément que la délégation normale donnée par le
maire à un adjoint ou à un conseiller municipal
laisse subsister, en faveur du chef de la municipalité,
un droit de surveillance.

L'article 75, au contraire, s'exprime ainsi : « L'adjoint spécial remplit les fonctions d'officier de l'état
civil et peut être chargé de l'exécution des lois et des
règlements de police dans la fraction de commune. »

— Ce texte ne contient, on le voit, aucune allusion
aux droits du maire et semble bien indiquer, par les
termes dans lesquels il est conçu, la compétence exclusive de l'adjoint spécial.

51. — L'adjoint spécial est nommé, avons-nous dit,
par le Conseil municipal. Les règles relatives à la
création du poste lui-même sont toutes différentes.
Le législateur n'a pas voulu laisser à l'arbitraire des
municipalités le droit de créer, de modifier, ou de

supprimer tour à tour des sections municipales.
Une demande préalable du Conseil municipal est bien
nécessaire, mais c'est seulement par un Décret rendu
en Conseil d'Etat qu'un poste d'adjoint spécial peut
être institué.

SECTION II

Officiers de l'Etat civil des Lazarets, et autres stations sanitaires .

52. — Les lazarets sont des établissements maritimes où l'on séquestre, durant un délai appelé quaran-
taine, les navires, les personnes et les marchandises
qui proviennent des pays infectés de maladies con-
tagieuses. Ce sont des préoccupations de salubrité
publique qui ont présidé à la création des lazarets et
autres stations sanitaires : il s'agit d'empêcher la
pénétration en France des épidémies qui régnent à
l'étranger.

Pour que ce but soit sûrement atteint, il est nécessaire que les lazarets soient soumis à un isolement
aussi absolu que possible. C'est pourquoi ces établissements n'ont, en principe, aucune communication avec les contrées limitrophes. En présence
d'un tel état de choses, le législateur a été amené à
confier aux autorités sanitaires elles-mêmes le soin

de constater les naissances et les décès qui se produisent dans l'enceinte des lazarets. L'article 19 de la loi du 3 mars 1822, fondamentale en la matière, déclare : « Les membres des autorités sanitaires exerceront les fonctions d'officier de l'état civil dans l'enceinte des lazarets et autres lieux réservés ». Cette disposition a été successivement reproduite par le Décret du 24 octobre 1850 et par le Décret du 22 février 1876.

Un Décret du 4 janvier 1896, le dernier en date sur l'organisation de la police sanitaire maritime, décide, dans son article 124 : « Les autorités sanitaires qui exercent les fonctions d'officier de l'état civil, conformément à l'article 19 de la loi du 3 mars 1822, sont les directeurs de la santé, les agents principaux et ordinaires du service sanitaire, les capitaines de la santé et les capitaines de lazaret.

Le directeur de la santé est le fonctionnaire placé à la tête d'une circonscription sanitaire ; le littoral est divisé lui-même en plusieurs circonscriptions. Les agents principaux remplissent les fonctions de chefs de services dans les départements où ne réside pas de directeur de santé. Les agents ordinaires, les capitaines de santé et les capitaines de lazaret sont répartis dans les ports. Une obligation est imposée à ces différents fonctionnaires : ils doivent adresser, dans les vingt-quatre heures, copie des actes de naissance et de décès rédigés par eux à l'officier de l'état civil de la commune où est situé l'établissement. Celui-ci en opère la transcription sur les registres courants.

SECTION III

Officiers de l'Etat civil des Français à l'étranger.

53. — Lorsqu'un Français se trouve dans un pays étranger, à quelles personnes peut-il avoir recours pour assurer la constatation légale des faits relatifs à son état civil? Deux solutions ont été données à cette question par les articles 47 et 48 du Code civil.

54. — La première est l'application pure et simple de l'adage « locus regit actum », aux termes duquel les actes juridiques sont régis, quant à leur forme, par la loi du lieu où on les accomplit. Le motif d'intérêt commun qui a fait admettre parmi les nations la règle « locus regit actum » se rencontre avec une profonde intensité en matière d'état civil, car les Français résidant à l'étranger sont dans l'impossibilité matérielle de recourir, pour la constatation de leur état, aux officiers de droit commun désignés par leur loi nationale. C'est pourquoi l'article 47 dispose : « Tout acte de l'état civil des Français fait en pays étranger fera foi, s'il a été rédigé dans les formes usitées dans le pays ». Aussi l'officier de l'état

civil local, quel qu'il soit, est compétent à l'égard de
nos nationaux. Peu importe que la loi du pays exige
une forme civile ou une forme religieuse. En Serbie,
par exemple, où le mariage religieux est seul reconnu, deux Français pourraient se présenter devant
le prêtre qui célébrerait valablement leur union :
locus regit actum. De même, les législations anglaise
et espagnole accordant aux parties le droit d'opter
entre le mariage civil et le mariage religieux, cette
faculté appartient également aux Français qui résident en Angleterre ou en Espagne. La doctrine et
la jurisprudence sont unanimes sur ce point (1).

55. — Le Code civil ne s'est pas contenté d'adopter, au point de vue de la constatation de l'état des
personnes, les conséquences de la règle *locus regit
actum*.

Déjà, l'ancien droit avait établi que les actes de
l'état civil pourraient être dressés à l'étranger par le
chapelain de l'ambassade française. Un Avis interprétatif du Conseil d'Etat, en date du 4 frimaire an II,
se fondant sur la loi du 20 septembre 1792, avait à
son tour décidé que les agents diplomatiques et consulaires français avaient qualité pour constater les
naissances, mariages et décès de leurs nationaux.

---

(1) Aubry et Rau, *op. cit.*, t. V, p. 521. Weiss. *Traité de droit
international privé*, p. 468. Despagnet, *Précis de droit international
privé*, n° 381. Pic, *Conflits de lois*, p. 68. Cass. 18 avril 1865,
Sirey 1865, 1, 317. Bordeaux, 21 déc. 1886, D. P. 1887, II. 163.

L'article 48 consacre une solution identique : « Tout acte de l'état civil des Français en pays étranger sera valable, s'il a été reçu conformément aux lois françaises par les agents diplomatiques ou par les consuls. »

A l'époque de la promulgation du Code civil, cette disposition offrait une importance plus considérable encore que de nos jours. Le principe de la sécularisation de l'état des personnes, adopté en France, n'avait été admis que dans un très petit nombre d'Etats étrangers. Obliger les Français résidant hors de leur pays à réclamer le concours des autorités locales eût été, parfois, les priver de la preuve légale de leur état ou tout au moins les contraindre à violenter leur conscience. La solution donnée par l'article 48 était le corrolaire indispensable des règles générales sur l'état civil établies par les lois révolutionnaires et adoptées par le Code.

56. — Tel est bien le motif qui a poussé le législateur de 1804 à confier aux agents diplomatiques ou consulaires les fonctions d'officier de l'état civil. Il faut, en conséquence, rejeter comme erronée l'opinion qui fonde la compétence de nos représentants à l'étranger sur le principe de l'exterritorialité. Assurément, en vertu de la fiction admise par le droit des gens, l'hôtel de l'ambassadeur ou du consul est censé faire partie du pays qu'il représente, mais il ne s'en suit pas que ces agents aient le droit d'y instrumen-

ter et, notamment, d'y recevoir les actes de l'état civil.
Le privilège de l'exterritorialité ne s'adresse qu'à la
personne même de l'agent diplomatique ; il n'influe
aucunement sur sa capacité (1). Nous aurons, par la
suite, à revenir sur cette *remarque* dont nous tirerons
des déductions importantes.

SECTION III

Officiers de l'Etat civil aux armées.

57. — En principe, les militaires sont régis par les
mêmes lois que le reste des citoyens, au point de vue
de la constatation de leur état civil. Toutefois, le Code
admet certaines dérogations aux règles générales,
en faveur des militaires réunis en corps d'armée, au
delà des frontières. Appliquant le principe émis par
le premier Consul Bonaparte, à savoir que « partout
où est le drapeau est la France », il confie à divers
officiers des armées le soin de rédiger les actes intéressant la troupe à laquelle ils appartiennent.

Les règles posées par le Code civil ont été déve-
loppées dans une Instruction ministérielle du 8 mars
1823. Il était utile, cependant, de remanier ces différentes dispositions et de les mettre en harmonie non

(1) Sic. Weiss, *op. cit.*, p. 574

seulement avec notre législation militaire moderne, mais encore avec les usages introduits par les nécessités de la pratique. Cette réforme a été accomplie par une loi récente, celle du 8 juin 1893, qui modifie les articles 88 à 98 C. civ.

Deux situations ont été envisagées par le législateur : la présence de corps de troupe en France et hors de France.

58. — Hors de France, l'état civil des militaires est soumis, en temps de paix comme en temps de guerre, à des règles identiques. Ainsi que l'explique fort judicieusement le rapporteur de la loi, à la Chambre des députés, il n'y a aucune raison sérieuse de distinguer entre ces deux hypothèses (1). Du moment où un corps armé opère, pour une cause quelconque, hors de notre sol, il importe qu'il puisse au besoin ne compter que sur lui-même et trouver dans ses ressources propres tout ce qui est nécessaire à son bon fonctionnement. La règle s'applique également aux soldats envoyés dans nos possessions coloniales et dans les pays placés sous notre protectorat.

Le nouvel article 93 du Code désigne les officiers chargés de la tenue des registres de l'état civil. En voici la nomenclature :

1° Dans les formations de guerre mobilisées, le

----

(1) Rapport de M. Darlan, 7 juillet 1892. *Journal off*. annexes n° 2267.

trésorier ou l'officier qui en remplit les fonctions, quand l'organisation comporte cet emploi et, dans le cas contraire, par l'officier commandant.

2° Dans les quartiers généraux ou états majors, le fonctionnaire de l'intendance ou, à défaut, l'officier désigné pour le suppléer.

3° Pour les personnes non militaires employées à la suite de l'armée, le prévôt ou l'officier qui en remplit les fonctions.

4° Dans les formations ou établissements sanitaires dépendant des armées, les officiers d'administration gestionnaires de ces établissements.

5° Dans les hôpitaux maritimes et coloniaux, sédentaires ou ambulants, le médecin directeur ou son suppléant.

6° Dans les colonies ou pays de protectorat, et lors des expéditions d'outre-mer, les officiers du commissariat ou les fonctionnaires de l'intendance, ou, à défaut, le chef d'expédition, de poste ou de détachement.

Cette longue énumération montre que le législateur a voulu assurer d'une manière permanente la constatation de l'état civil aux armées. On ne peut qu'applaudir à ces dispositions destinées à faire cesser les incertitudes qui, trop souvent, se sont élevées sur l'état des militaires.

Sous l'empire du Code civil, une controverse avait pris naissance au sujet de l'interprétation de l'article 48 qui permet aux agents diplomatiques et consulaires de recevoir les actes des Français à l'étranger. Cette capacité devait-elle subsister à l'égard des militaires faisant partie d'une armée en campagne? Non, disaient certains auteurs, car il a été entendu, lors des travaux préparatoires, que là où est le drapeau est la France. Or, les agents diplomatiques ou consulaires n'ayant dans leur pays d'origine aucune compétence, ils ne peuvent instrumenter au profit des militaires, puisque ceux-ci sont réputés se trouver en France. La jurisprudence s'était ralliée à l'opinion contraire qui voyait, dans les règles du chapitre V (Livre I, titre II), une facilité supplémentaire accordée aux militaires pour la constatation de leur état et non une dérogation au droit commun. Quoi qu'il en soit, la loi du 8 juin 1893 a tranché la controverse, en donnant aux agents diplomatiques ou consulaires le droit de remplir les fonctions d'officier de l'état civil à l'égard des militaires, concurremment avec les officiers de l'armée.

59. — Avant la loi de 1893, les officiers municipaux étaient seuls chargés, en France, de constater l'état civil des militaires. La jurisprudence avait été amenée, cependant, à étendre les dispositions du Code relatives aux corps de troupes qui se trouvent hors des frontières à ceux qui, en cas de révolte ou d'invasion sur le territoire français, seraient dans l'impossibilité de recourir aux officiers de l'état civil

ordinaires. La loi du 8 juin 1893 a sanctionné cette interprétation et consacré en même temps une extension du principe plus considérable encore. En cas de mobilisation ou de siège, les officiers dont nous avons donné plus haut la nomenclature deviennent, de plein droit, officiers de l'état civil. Toute communication avec les autorités civiles peut être, en effet, interrompue. Le nombre d'hommes rassemblés est considérable ; les officiers de l'état civil ordinaires se trouveraient débordés, en même temps qu'ils seraient mal placés pour accomplir leur mission. Il est donc utile, en la circonstance, que le pouvoir militaire assure, par lui-même, le service de l'état civil. C'est, d'ailleurs, une compétence concurrente dont il est investi ; il la partage avec les officiers municipaux auxquels les intéressés ont toujours le droit de s'adresser (art. 93).

SECTION IV

Officiers de l'Etat civil à bord des navires.

60. — La loi du 8 juin 1893 a modifié certaines dispositions du Code civil relatives à la constatation de l'état des personnes qui se trouvent en mer. La plupart de ces innovations sont relatives à la compé-

tence des officiers du bord ; leur étude trouvera donc place dans l'un des chapitres de notre deuxième partie. Nous nous bornerons, pour le moment, à exposer l'économie générale de la loi nouvelle et à donner la nomenclature des officiers de l'état civil à bord.

Aux termes du nouvel article 59, les officiers chargés de constater l'état civil à bord des navires, sont :

a) *Sur les bâtiments de l'État :* l'Officier du commissariat de la marine ou, à son défaut, le commandant ou celui qui en remplit les fonctions.

b) *Sur les autres bâtiments :* le capitaine, maître ou patron, ou celui qui en remplit les fonctions.

La loi emploie trois expressions pour désigner l'officier de l'état civil à bord des bâtiments de commerce, mais il est certain qu'elle n'entend donner qualité qu'à une seule personne, le chef du navire. Cette solution a même été confirmée par le législateur de 1893 qui, en ajoutant au texte primitif du Code civil ce membre de phrase *ou celui qui en remplit les fonctions* indique nettement que les trois termes *capitaine, maître, patron*, se rapportent à une personne unique (1).

61. — Les dispositions de la loi du 8 juin 1893 s'appliquent aussi bien aux personnes qui se trou-

(1) Sic. Marcadé, t. I, sur l'art. 59.

vent sur un bâtiment de guerre qu'à celles qui sont
à bord d'un navire marchand. Le projet présenté, le
27 novembre 1890, par le Gouvernement, établissait
des règles différentes pour la marine de commerce et
pour la marine de guerre, mais la Chambre des députés n'adopta pas cette classification arbitraire et
s'en tint au système du Code civil.

62. — Le législateur de 1804 n'avait donné qualité
aux officiers du bord, pour remplir les fonctions de
l'état civil, que dans des circonstances exception-
nelles, « pendant un voyage de mer » disaient les
articles 59 et 86. Il fallait donc que le navire fût en
mer, au moment où le fait d'état civil se produisait.
Le droit commun reprenait tout son empire, lorsque
le bâtiment naviguait sur une rivière ou stationnait
dans un port. Pourtant, au cas d'escale ou de relâ-
che, la communication avec la terre n'est pas toujours possible. Tout au moins, le recours aux autorités locales est-il susceptible d'entraîner une perte
de temps préjudiciable. Les dispositions du Code civil » étaient bien plus regrettables encore, lorsqu'elles
exigeaient l'arrêt du navire, en cours de navigation
fluviale. Aussi, le législateur de 1893 a-t-il substitué
à l'expression de « voyage de mer » celle de « voyage
maritime » qui, dans sa pensée, s'applique à toutes·
les parties du voyage, soit à la mer, soit en rivière.
D'autre part, la loi reconnaît une compétence absolue aux officiers du bord, non seulement pendant la

durée de la traversée, mais encore pendant les arrêts dans les ports si, durant ces arrêts, il est impossible de communiquer avec la terre ou s'il n'y a pas dans le port, à l'étranger, d'agent diplomatique ou consulaire de France (art. 59).

APPENDICE

OFFICIERS DE L'ÉTAT CIVIL DES ANCIENNES FAMILLES RÉGNANTES

La constatation de l'état civil des membres des familles royales ne fit l'objet, dans l'ancien droit français, d'aucune disposition particulière. Le XIXᵉ siècle présente, au contraire, plusieurs monuments de législation relatifs à cette matière et dont l'origine doit être attribuée à Napoléon Iᵉʳ.

Le Statut impérial du 3 mars 1806 confia à l'Archichancelier les fonctions d'officier de l'état civil de la famille impériale et prescrivit la tenue d'un registre double qui devait être déposé aux archives du Sénat et de la Maison Impériale.

La Restauration appliqua des règles identiques aux princes et princesses de la famille royale. L'Ordonnance du 23 mars 1816 chargea, à cet égard, le Chancelier de France de remplir les fonctions d'officier de l'état civil. Les registres étaient tenus par le ministre de la Maison du roi ou, à son défaut, par le président du conseil des Ministres.

Sous le second Empire, un Statut du 21 juin 1853 donna au Ministre d'Etat, assisté du président du Conseil d'Etat (qui tenait la plume), une capacité exclusive pour remplir à l'égard de l'empereur et des princes et princesses de la famille impériale, les fonctions attribuées par les lois aux officiers de l'état civil (art. 13).

Le Garde des Sceaux, ministre de la Justice, fut à son tour, investi de ces attributions par le Décret du 11 août 1869 (art. 2).

Nous n'insisterons pas davantage sur ces différentes dispositions qui n'offrent plus, aujourd'hui, qu'un intérêt purement historique.

CHAPITRE III

64. — Les règles qui déterminent quelles personnes sont investies des fonctions d'officier de l'état civil et dont nous venons de faire l'exposé, ne se trouvent pas, avons-nous dit, dans le Code civil. Le législateur de 1804 s'est borné à tracer le rôle de ces fonctionnaires, édictant contre eux des amendes et des peines, au cas où ses prescriptions seraient mal exécutées. Ce sont là des sanctions qui visent l'officier de l'état civil lui-même et dont l'explication ne rentre pas dans le cadre du présent chapitre.

Il nous faut, au contraire, envisager l'hypothèse où une personne autre que celle spécialement désignée par la loi a reçu un acte de l'état civil et nous demander quelles conséquences doivent en résulter, au point de vue de la validité de cet acte. En certaines matières, celle des testaments, par exemple, le législateur examine en détail les sanctions attachées à la violation des règles qu'il a édictées. Il n'en est pas de même, dans l'espèce qui nous occupe. Ni le

Code, ni les différentes lois relatives à l'état civil n'ont résolu la question. Le recours aux principes généraux devient donc nécessaire. Eux seuls nous permettront d'apprécier s'il faut considérer comme nuls les actes de l'état civil dressés par une personne qui, aux termes de la loi, n'avait pas qualité pour intervenir, en la circonstance, et quel degré de nullité nous devons leur assigner.

En principe, la nullité d'un acte n'existe que si la loi l'a établie d'une manière expresse. Le juge ne peut suppléer au silence des textes ; sa mission consiste à appliquer la loi et non à s'improviser législateur. Il est admis, toutefois, en doctrine comme en jurisprudence, que la nullité d'un acte peut être prononcée quand elle est virtuelle, c'est-à-dire lorsque, sans avoir été expressément établie par la loi, elle résulte tacitement de sa volonté. Cette nullité, bien que non écrite dans les textes, est de toute évidence et si, en fait, le législateur ne l'a pas consignée en termes exprès, c'est qu'une telle mention était inutile. Il y a des formalités substantielles dont l'inobservation vicie un acte à tel point que cet acte n'a aucune existence aux yeux de la loi et que, par suite, il ne peut produire d'effet.

1re *Hypothèse.* — *L'acte n'a pas été reçu par un officier de l'état civil.*

65. — Lorsqu'un acte de l'état civil a été dressé

par une personne sans qualité à cet égard, un prêtre
par exemple, ou même un notaire, un juge de paix,
cet acte est dépourvu de toute force légale. L'intervention de l'officier public désigné par la loi peut
seule imprimer à un écrit le caractère de l'authenticité. Élaborés au mépris de cette condition essen-
tielle, les actes de l'état civil demeurent sans valeur
juridique. Tout au plus, peuvent-ils servir de document.

Les auteurs (1) sont unanimes à proclamer cette
nullité : « La société contractée entre deux personnes
de sexe différent, disent MM. Aubry et Rau (tome V,
p. 14, § 52), ne constitue pas un mariage, lorsque
leur union légale n'a été prononcée que par un simple
particulier ou par un fonctionnaire public non revêtu
du caractère d'officier de l'état civil. Ainsi, l'union
célébrée devant un prêtre n'est point un mariage, aux
yeux de la loi civile. Plusieurs décisions de jurisprudence ont fait l'application de cette doctrine, notamment un arrêt de la Cour de Paris, en date du
6 avril 1869 (D. P. 1872, 2, 216). Le chapelain de la
légation des Etats-Unis d'Amérique avait célébré le
mariage d'une de ses compatriotes avec un Français,
au mépris des dispositions de l'article 166 du Code
civil. La Cour de Paris apprécia de la façon suivante

(1) Demolombe, *op. cit.*, t. I, n°s 205 et 232. Laurent. *Principes
de dr. civ.*, t. II, n° 273. Vazeille, *Mariage*, t. I, n° 252. Merlin.
Répertoire; au mot Mariage, t. X, p. 695.

l'acte intervenu : « Considérant que de Meffray ne pouvait contracter mariage que dans les conditions indiquées en l'article 165 du Code Napoléon, l'acte dont on excipe pour établir un prétendu mariage ayant été dressé pour échapper aux prescriptions de cet article n'a aucune valeur, n'établit aucun lien et ne produit aucun effet entre les personnes qui y ont concouru... » On ne saurait reconnaître plus nettement l'inexistence au point de vue juridique d'un acte reçu par tout autre qu'un officier de l'état civil.

2e Hypothèse. — L'acte a été reçu par un officier de l'état civil révoqué ou suspendu de ses fonctions.

66. — Nous nous prononçons, sans hésitation, pour la nullité absolue de l'acte intervenu. L'officier de l'état civil frappé de suspension ou de révocation, n'est plus qu'un simple particulier incapable, dès lors, de conférer à un acte le caractère de l'authenticité. La suspension n'entraîne pas, il est vrai, à l'égard de la personne qui en est atteinte, les mêmes conséquences que la révocation. L'intéressé reste toujours officier public mais, pendant la durée de sa suspension, l'exercice des droits afférents à sa qualité ne lui appartient pas.

　Pour produire ces différents effets, il est nécessaire que la révocation ou la suspension ait été régulièrement notifiée à l'officier de l'état civil. C'est ce que les articles 52 et 68 de la loi du 25 ventôse an XI décident, à l'égard des notaires, et la même solution doit s'appliquer, par analogie, aux autres officiers publics. A cette condition, l'erreur commune ne pourra plus être invoquée pour valider un acte reçu par une personne dont l'incompétence ne saurait être mise en doute.

3ᵉ Hypothèse. — L'officier de l'état civil, rédacteur de l'acte, a été investi de ses fonctions par un pouvoir irrégulier.

67. — Le problème soulevé par cette troisième hypothèse est bien différent des précédents.

Nous avons supposé, jusqu'ici, un état de choses normal : le recours aux officiers de l'état civil ordinaires était possible et, cependant, d'autres personnes que celles désignées par la loi ont instrumenté. En l'espèce actuelle, les parties se sont bien adressées à l'officier de l'état civil, au maire de leur commune par exemple, mais celui-ci ne tenait ses pouvoirs que d'une manifestation irrégulière, illégale. Il n'a donc pu remplir les fonctions d'officier d'état civil qu'en fait et non en droit. La conséquence de cette situation nous paraît être la nullité absolue des actes accomplis en de telles circonstances. Comment des personnes auxquelles la loi ne reconnaît aucune qualité pourraient-elles conférer un caractère authentique aux écrits qu'elles rédigent et rendre valables les actes auxquels elles participent? Les officiers publics investis d'un mandat qu'ils ne tiennent pas de l'autorité compétente, ne sont que de simples particuliers ; leurs actes n'offrent, en conséquence, aucune valeur légale.

68. — Les événements survenus, à la suite de la guerre franco-allemande, ont donné lieu à la consécration législative de cette théorie.

Après le 4 septembre 1870, les maires et les adjoints d'un grand nombre de communes cessèrent volontairement ou furent forcés de cesser leurs fonctions. L'administration passa aux mains de personnes désignées, soit par les membres du conseil municipal, incompétent à cette époque, soit par les habitants des communes eux-mêmes. Les actes accomplis en de pareilles circonstances n'étaient pas seulement irréguliers, ils étaient radicalement nuls, comme émanant de personnes sans caractère officiel (1). Toutefois, il était impossible de ne pas tenir compte de la situation exceptionnelle où se trouvait la France, lors des événements de 1870-71. L'invasion d'une part, l'insurrection de l'autre, avaient amené une profonde désorganisation municipale. Il avait fallu sacrifier aux nécessités du moment et, d'ailleurs, l'intérêt des familles exigeait que la nullité de certains actes, des mariages par exemple, fût expressément couverte. Le législateur donna satisfac-

(1) Sic : Circulaire du Garde des Sceaux du 18 octobre 1871.

tion à l'opinion publique en insérant, dans la loi des 6-11 janvier 1872, la disposition suivante : « Les actes inscrits sur les registres de l'état civil, depuis le 4 septembre 1870 jusqu'au jour de la promulgation de la loi ne pourront être annulés, à raison du seul défaut de qualité des personnes qui les avaient reçus, pourvu que ces personnes aient eu, au moment de la rédaction de l'acte, l'exercice public des fonctions municipales ou de celles d'officier de l'état civil, à quelque titre ou sous quelque dénomination que ce fût. » (Art. 1er).

69. — Une disposition législalive spéciale à la Ville de Paris et au département de la Seine était intervenue, quelques mois auparavant. Les douloureux événements de la Commune avaient eu leur répercussion sur l'état civil dont la constatation fut assurée, durant trois mois, par les agents d'un pouvoir insurrectionnel. Les actes rédigés par eux, les mariages célébrés par leurs soins étaient nécessairement frappés de nullité absolue, car ces hommes sans caractère public n'avaient pu imprimer le sceau d'une autorité qu'ils ne possédaient pas. L'intérêt des familles commandait, cependant, que le législateur intervint pour porter remède à des conséquences aussi regrettables. La loi des 19 - 23 juillet 1871 ordonna que les actes de naissance, de décès et de reconnaissance reçus pendant la période insurrectionnelle seraient bâtonnés, mais que, dans le délai de

trente jours, les intéressés renouvelleraient leur déclaration devant l'officier de l'état civil compétent.

La question des mariages était plus délicate. Le
législateur prit le parti de les valider quand même
(art. 5), tout en décidant que les actes bâtonnés en
vertu de l'article premier seraient transcrits sur un
registre spécial. Faute par les époux de se présenter
devant l'officier de l'état civil ou, en cas de décès
des époux ou de l'un d'eux, le Tribunal devait or-
donner d'office la transcription qui assurait au mariage, à la date du premier acte, tous ses effets civils.
Ainsi, la loi eut pour effet d'empêcher les actes de
l'état civil dressés pendant la Commune de Paris
d'être considérés comme nuls. Les mariages n'é-
chappèrent pas à la faveur créée par le législateur
qui avait pensé, selon les termes du rapport de
M. Wallon, à la Chambre des députés, que « les
époux qui étaient venus contracter mariage, dans
le lieu ordinaire de ces cérémonies, à la mairie, en
présence de ce qui leur paraissait être un officier de
l'état civil, ne pouvaient pas être autorisés à se croire
dégagés de la foi qu'ils s'étaient donnée » (D. P.
1871, 4, p. 137).

70. — Déjà la Cour de Bastia avait été amenée à
reconnaître la validité d'un mariage célébré par un
curé, dans un département en pleine insurrection,
alors qu'il n'existait pas dans la commune où il avait
été contracté, d'officier de l'état civil (D. P. 1846. 2,

112). Or, à cette époque, c'est-à-dire en 1793, la France était régie par la loi du 20 septembre 1792 qui proclama la sécularisation, de l'état civil. La Cour de Bastia justifiait sa solution, de la manière suivante :

« Attendu que s'il est vrai que les sujets qui se mettent en état de guerre contre le souverain sont, jusqu'à l'établissement d'un ordre régulier, dans l'impuissance de changer la législation existante, c'est aussi un principe de droit public et de sage administration que le souverain légitime est censé avoir approuvé et doit maintenir tout ce qui, pendant la révolte et l'usurpation a pu, comme le sont les actes de l'état civil, favoriser l'intérêt de la société et des familles...».

La décision de la Cour de Bastia est loin de nous paraître, en droit, à l'abri de toute critique. Aussi jugeons-nous que le législateur de 1871 a été bien inspiré, lorsqu'en face d'une situation analogue il a voulu assurer, par une disposition de la loi formelle, la validité d'actes viciés dans leur origine.

4° *Hypothèse.* — *L'officier de l'état civil a été nommé par l'autorité compétente, mais il ne réunit pas les conditions de capacité requises par la loi.*

71. — La loi exige des maires, des conseillers municipaux et de toute personne appelée à exercer les fonctions d'officier de l'état civil un ensemble de capacités légales. Au mépris de ces dispositions,

l'officier de l'état civil peut avoir été nommé sans réunir ces différentes qualités, par exemple il n'est pas Français ou bien il est déchu de ses droits civils et politiques. Il en résulte une incapacité qui ne lui permet pas, en droit, d'être investi des fonctions qui lui ont été confiées. Que va-t-il résulter de cette situation ? — Au premier abord, l'on serait tenté de conclure à la nullité de l'acte reçu. L'équité aussi bien que l'intérêt social condamnent une telle solution ; les principes généraux du droit s'opposent, en même temps, à son admission.

72. — Il faut observer, en effet, que si, dans l'hypothèse qui nous occupe, l'autorité n'avait pas le droit de nommer celui qui ne remplissait pas les conditions requises, en fait, l'institué, se trouve investi de fonctions qui lui ont été déléguées par le pouvoir compétent. Or, l'officier de l'état civil a le droit d'instrumenter, non pas à raison des qualités que la loi exige pour sa nomination, mais parce qu'un vote ou un Décret l'a investi des fonctions de maire, d'adjoint, de conseiller municipal, de consul, etc., etc.

73. — C'est, d'ailleurs, l'une des règles juridiques les plus anciennes qu' « error communis facit jus », que la capacité putative supplée la capacité réelle.

Le droit romain nous en offre divers exemples. Au dire de Pomponius, Barbarius Philippus, esclave fugitif, avait obtenu la prêture. Bien que ces fonc-

tions n'aient pu lui être confiées que contrairement
à la loi, Pomponius déclare que ses actes furent vali-
dés « propter utilitatem eorum qui apud eum ege-
rint » (loi 3, *Dig. de officio praetorum*, liv. 1, tit. 14).
Ulpien ajoute « et verum puto nihil eorum repro-
bari ». Ainsi, l'erreur commune et la bonne foi ont
permis de couvrir les irrégularités que les parties
n'avaient pu ni prévoir, ni empêcher.

L'application de la même idée se retrouve dans un
rescrit d'Hadrien, ratifié par Sévère et Antonin et
que mentionnent les institutes de Justinien (liv. II,
tit. 10, § 7, *de testamentis ordinandis*.) Il s'agit d'un
testament auquel coopéra, en qualité de témoin, un
esclave que l'on croyait être un homme libre. Le
testament fut, cependant, traité comme régulier en
la forme, parce que « au moment ou le témoin appo-
sait son cachet, du consentement de tous, il était
considéré comme libre et aucune question d'état
n'était soulevée contre lui. »

Du droit romain, la règle relative à l'erreur commune a passé dans l'ancien droit français. Pothier
y fait allusion, dans son Introduction à la Coutume
d'Orléans (tit. 16, n° 14). Une personne, expose-t-il,
avait embrassé la profession religieuse et, par conséquent, se trouvait frappée de mort civile. Sa parti-
cipation à un testament, alors que son incapacité
était ignorée, annulait-elle le testament ? Pothier
répond : « La quasi-possession en laquelle cette per-

sonne est de l'état civil en ce lieu, supplée à l'état civil qui lui manque et suffit pour rendre valable le testament où elle a fait fonction de témoin. » La même doctrine est enseignée par Furgole (*Traité des Testaments*, chap. III, sect. 1, n° 7) et par Ricard (*Traité des donations*, partie 1re, n° 1357).

Notre droit moderne ne proclame nulle part, en termes exprès, le principe qu' « error communis facit jus », mais en ne l'abolissant pas, en le passant sous silence, le Code civil l'a laissé subsister. C'est l'opinion formulée par un Avis interprétatif du Conseil d'Etat, en date du 2 juillet 1807 et qui a force de loi, puisqu'il a été approuvé par l'Empereur et inséré au *Bulletin des Lois*.

Cet avis est intervenu dans les circonstances suivantes : Les secrétaires de mairies avaient pris l'habitude de délivrer des extraits d'actes de l'état civil, en violation formelle des règles qui donnent ce droit aux seuls officiers de l'état civil. Le Conseil d'Etat déclara valables les extraits ainsi délivrés, considérant que « ces extraits ont été délivrés par ces employés et reçus par les parties avec bonne foi de part et d'autre et qu'enfin, de tout temps et dans toutes les législations, l'erreur commune et la bonne foi ont suffi pour couvrir, dans les actes et même dans les jugements, des irrégularités que les parties n'avaient pu ni prévoir ni empêcher... (1) ».

(1) Dalloz, *Lois annotées*, t. XIII, p. 748.

Deux arrêts de la Chambre des Requêtes, l'un du 28 février 1821, l'autre du 18 juin 1830 émettent des considérants identiques. La Chambre civile de la Cour de cassation a reconnu, à son tour, la théorie de l'erreur commune, dans un arrêt relativement récent. Le 24 avril 1882, la Cour de Paris validait un testament auquel avait concouru un témoin qui n'était pas Français mais était considéré par tous comme tel. La Cour de cassation (1) rejeta le pourvoi formé contre cet arrêt, attendu, dit-elle, que « lors de la confection de l'acte attaqué, Hubert était considéré par tous comme Français et que, en l'état de cette notoriété, en admettant même qu'il fût réellement étranger, son incapacité serait couverte par le principe « error communis facit jus » ; que, dans ces circonstances, l'arrêt n'a fait qu'une juste et saine application d'un principe traditionnel emprunté à la loi romaine et admis de tout temps dans la jurisprudence... »

L'application de la même idée se retrouve dans une espèce soumise à la Cour de Rennes et qui mérite d'autant plus de retenir notre attention qu'elle se rapproche très sensiblement de l'hypothèse qui nous occupe. Le Conseil municipal de Gabard (Ille-et-Vilaine) avait été dissous, en même temps qu'une révocation frappait le maire et les adjoints. Le Pré-

(1) Cass. 12 déc. 1882. Sirey 1883, I, 459.

fet, s'appuyant sur l'article 15 de la loi du 5 mai 1855, prit un arrêté et institua une Commission municipale composée de seize membres dont il confia la présidence à un certain M. Dupetitpré qui, remplissait ainsi les fonctions de maire. Les membres de la Commission municipale n'acceptèrent pas le mandat à eux confié ; ils ne furent pas installés. Cette Commission n'ayant jamais eu d'existence régulière, le président ne pouvait légalement remplir les fonctions de maire et, partant, d'officier de l'état civil. La question se posait, dès lors, de savoir si les actes dressés par lui étaient valables. L'erreur dont les intéressés pouvaient arguer n'était même pas, remarquons-le, une erreur de fait mais une erreur de droit, car elle résultait de l'ignorance ou plutôt de la fausse interprétation de la loi. Or, en principe, l'erreur de droit est insuffisante pour empêcher la nullité d'un acte juridique. La Cour de Rennes (1) admit la validité d'un mariage célébré en de telles circonstances, « attendu, dit l'arrêt, que les habitants de la commune de Gabard ont toujours considéré M. Dupetitpré comme ayant compétence et qualité pour remplir les fonctions d'officier de l'état civil et que, sa nomination fût-elle entachée d'un vice quelconque, l'acte qu'il a ainsi dressé dans la pleine possession d'un pouvoir incontesté et avec la même bonne foi que les contractants et leurs témoins devrait être va-

(1) Le Droit, 30 juin 1871, année 1881, p. 623.

lidé par la justice en vertu de la règle *error commu-*
nis facit jus ».

5e *hypothèse. — L'acte a été reçu par un adjoint ou*
par un conseiller municipal non désigné par la loi
pour exercer les fonctions d'officier de l'état civil.

74. — Nous avons établi qu'en principe, les fonctions d'officier de l'état civil incombent aux membres
des municipalités, c'est-à-dire aux maires, aux adjoints et aux conseillers municipaux. Toutefois, c'est
au maire seul qu'appartient, d'une façon normale,
l'exercice de ces fonctions qui ne sont dévolues aux
adjoints et aux conseillers municipaux que par voie
de suppléance ou de délégation. Il est inutile d'indiquer de nouveau les différences qui séparent la suppléance de la délégation. Rappelons, au contraire,
que les conseillers municipaux ne sont aptes à re-
cueillir les pouvoirs du maire qu'au cas d'absence ou
d'empêchement des adjoints. De plus, si le maire
n'est pas obligé, en matière de délégation, de respecter le rang des conseillers municipaux, l'ordre du tableau doit toujours être suivi lorsque s'ouvre la suppléance. La loi du 18 juillet 1837 édictait même cette
dernière prescription dans l'une et l'autre hypothèse.

75. — Supposons donc que les règles posées par le
législateur n'aient point été observées. Le maire, absent ou empêché, a été remplacé, dans l'exercice de
ses fonctions d'officier de l'état civil, par un adjoint

qui ne venait pas en rang utile ou même, les adjoints présents, par un conseiller municipal. —
Autre espèce : Le maire a délégué ses pouvoirs à un
conseiller municipal, les adjoints présents et non
empêchés. Quel sera le sort d'un acte de l'état civil
dressé en de telles circonstances, d'un mariage célébré contrairement aux ordres de la loi ?

76. — La question s'est posée, en pratique, à l'occasion d'une cause demeurée célèbre, celle des *mariages de Montrouge*. Le maire de Montrouge avait
délégué l'état civil à l'un des membres du Conseil
municipal, alors que les adjoints n'étaient pas empêchés et même sans que l'ordre du tableau ait été
suivi, violant ainsi les dispositions de la loi du
18 juillet 1837, en vigueur à cette époque. Le Tribunal de la Seine annula, le 23 février 1883, les mariages célébrés par le Conseiller municipal de Montrouge. La Cour de Paris, au contraire, et plus tard la
Cour de cassation (1) statuant sur un pourvoi formé
dans l'intérêt de la loi, admirent la validité de ces
unions. L'une et l'autre s'appuyaient sur ce qu'aucune disposition législative n'avait attaché aux prescriptions énoncées la sanction de la nullité et que les
nullités ne se suppléent pas.

Le Tribunal de la Roche-sur-Yon avait déjà rendu

---

(1) V° le texte du jugement et des arrêts, Sirey 1884, I. p. 10
et suiv. et la note de M· Labhé. D. P. 1884, p. 1 et suiv. et la
note de M. Ducrocq.

une décision identique, en présence d'un mariage contracté à Poiré-sur-Vie dans des circonstances analogues (1).

L'affaire des mariages de Montrouge eut un énorme retentissement, aussi bien dans le monde judiciaire que dans la presse et même parmi le public. Elle a suscité la publication de plusieurs dissertations juridiques dont nous croyons utile d'exposer les différents systèmes, car leur critique facilitera la solution du problème que nous recherchons.

77. — Le premier système (2), dont nous avons déjà entrepris l'analyse (n° 32), établit une distinction entre les règles applicables à l'état civil et celles inhérentes aux matières administratives. La loi du 20 septembre 1792 serait toujours en vigueur et donnerait aux membres des Conseils municipaux une égale capacité à être investis, par voie de délégation, des fonctions d'officier de l'état civil. Le Conseil général de la commune, nous le rappelons, chargeait de l'état civil, une ou plusieurs personnes prises parmi ses membres. Le maire, dit-on, a été subrogé, en l'an VIII, au droit de délégation du Conseil général ; son choix est libre et peut s'exercer en faveur de l'un quelconque de ses collègues. Nous ne nous attarderons pas à la réfutation de cette théorie ; elle résulte de nos explications précédentes.

(1) 13 mars 1883. D. P. 1883, II, 55.
(2) Leberquier, *Gaz. des tribunaux*, 1883.

78. — Une deuxième opinion valide les actes reçus, dans des circonstances analogues à celles de Montrouge et de Poiré-sur-Vie, par l'application du principe traditionnel de l'erreur commune. Assurément, la faveur admise par la loi romaine semble bien avoir passé dans notre droit moderne, mais elle présuppose un acte reçu par un officier public. Son application disparaîtra, si nous ne reconnaissons pas ce caractère au conseiller municipal investi d'une délégation illégale. L'erreur commune ne saurait, en effet, couvrir la nullité d'un acte de l'état civil dressé par un simple particulier.

79. — Les partisans d'un troisième système (1) s'appuient sur un texte du Code civil, l'article 191, spécial à la question du mariage. Il est ainsi conçu : « Tout mariage qui n'a pas été contracté publiquement devant l'officier de l'état civil compétent peut être attaqué par les époux eux-mêmes, par les père et mère, par les ascendants et par tous ceux qui y ont un intérêt né ou actuel, ainsi que par le ministère public. » Suivant l'opinion généralement admise, il résulte de l'article 191, combiné avec l'article 193, que l'incompétence de l'officier de l'état civil rend le mariage simplement annulable. Le juge, saisi d'une demande en nullité fondée

(1) Faustin Hélie (*France judiciaire* 1883, 1ʳᵉ partie, p. 275) ; Wallon (*Revue critique*, 1884, p. 15 et 16) ; Cass. civ., 7 aout 1883, Sirey 1884, I, 17.

Benâtre 7

sur cette cause, est investi d'un certain pouvoir
d'appréciation. La nullité du mariage ne s'impose
pas, elle dépend des circonstances. La disposition
qui résulte de l'article 191 doit être appliquée,
disent nos auteurs, à l'espèce actuelle. Quel est,
en effet, le rôle échu aux adjoints et aux conseillers
municipaux, en matière d'état civil ? Il est facile
de le découvrir, si nous recherchons dans quel esprit
a été conçue la loi du 20 septembre 1792 qui a cessé,
il est vrai, d'être en vigueur, mais dont l'influence se
manifeste dans les dispositions de nos lois administratives. C'est au corps municipal que le législateur
de 1792 confia le service de l'état civil. En 1837
comme en 1884, c'est aussi aux seuls membres du
Conseil municipal que ces fonctions ont été réser-
vées. Leur compétence est bien subordonnée à la
régularité de la délégation légale ou volontaire,
mais ceux-ci n'en conservent pas moins une qualité
spéciale. Dans l'espèce qui nous occupe, la compétence de l'officier qui est intervenu est défectueuse,
entachée d'un vice, mais elle n'entraîne que la
nullité de l'acte accompli et non son inexistence.

80. — Ce raisonnement, pour ingénieux qu'il
soit, ne nous paraît pas convaincant. La capacité
des adjoints, aussi bien que celle des conseillers municipaux, doit être envisagée sous un aspect différent. Investir les membres du conseil municipal
d'une qualité spéciale, c'est créer une distinction

qui n'existe pas dans les textes. Les dispositions des lois administratives qui ont réglementé l'aptitude des adjoints et des conseillers municipaux à exercer les fonctions d'officier de l'état civil sont nettes et précises. Cette aptitude est essentiellement conditionnelle. Elle ne naît pas de plein droit, mais dépend, au contraire, de circonstances limitativement énumérées. Le maire absent, ses pouvoirs ne peuvent passer au second adjoint si le premier n'est pas empêché, ou à un conseiller municipal si tous ses collègues antérieurs en rang ne sont pas absents ou empêchés. De même, la présence des adjoints crée un obstacle juridique à ce qu'une délégation puisse être confiée à un conseiller municipal. Un acte accompli au mépris de ces règles légales est inévitablement nul (1).

Certes, la loi n'a pas prononcé, en termes exprès, cette nullité, mais une disposition spéciale était inutile. Elle est virtuelle et résulte du défaut de compétence de celui qui a exercé un ministère auquel il était tout à fait étranger. Ne voit-on pas d'ailleurs, que, comme l'indique avec beaucoup de justesse M. Ducrocq (2), cette nullité est la conséquence forcée

(1) En ce sens : Fuzier Hermann (*Gaz. des trib.* du 23 mars 1883) ; Bonnet (*France judiciaire.* 1883, 1ʳᵉ partie. 239 et 338).

(2) Th. Ducrocq, *Des adjoints, de la suppléance et de la délégation des pouvoirs du maire* (Mémoire lu, le 29 mars 1883, au Congrès des sociétés savantes) p. 14, 15 et 16. On lira avec fruit cette brochure dont nous nous sommes, du reste, largement inspiré.

des textes qui ont établi, consacré, sauvegardé la séparation de l'action et de la délibération. Investi du
droit de délibérer, le conseil municipal n'a pas, en
principe, l'aptitude pour agir. En dehors des cas ex-
ceptionnels où la loi lui a conféré cette faculté, il ne
saurait imprimer à un acte un caractère d'authenticité. La stricte interprétation des textes nous conduit donc à proclamer la nullité absolue des actes de
l'état civil dressés par un adjoint ou par un conseiller municipal agissant en vertu d'une délégation
ou d'une suppléance irrégulière.

Si l'on objecte à notre conclusion qu'elle méconn-
naît l'intérêt des familles exposées à des dangers
contre lesquels il leur sera souvent difficile de se
prémunir, nous répondrons que l'interprète n'est
pas chargé de réformer la loi, mais d'en préciser le
véritable sens. Les funestes conséquences résultant
de l'irrégularité dans la délégation ou dans la suppléance peuvent être d'ailleurs combattues par le
législateur. La loi du 20 septembre 1792 (tit. 1, art. 3)
prescrivait de publier et d'afficher la délégation que le
Conseil général de la commune faisait des fonctions
de l'état civil à quelques-uns de ses membres. Un
procédé analogue de publicité offrirait, aujourd'hui
encore, de réels avantages et serait de nature à
rendre moins facile le retour d'illégalités semblables
à celles que nous avons signalées.

DEUXIÈME PARTIE

DE LA COMPÉTENCE DES OFFICIERS DE L'ETAT CIVIL

PRÉLIMINAIRES

81. — Le mot *compétence* — de *competere*, appartenir — désigne la mesure du pouvoir imparti à une autorité, les limites dans lesquelles cette autorité peut exercer les fonctions que la loi lui confie. L'officier public, bien que régulièrement institué, ne conserve le caractère dont il a été investi qu'autant qu'il se conforme aux conditions de son mandat. En dehors des limites qui lui ont été assignées, son pouvoir n'excède pas celui d'un simple particulier. Les officiers de l'état civil sont naturellement soumis à ces règles et, à ce titre, l'étude de leur compétence devient le corollaire indispensable de l'exposé de leur organisation.

Dans notre première partie, nous avons consacré un chapitre spécial à la désignation des officiers de l'état civil de droit commun et traité, dans le chapitre suivant, des officiers de l'état civil spéciaux. La même division s'impose ici. Bien que les règles relatives à la compétence des différents officiers de l'état civil se trouvent réunies dans le Code et même sous un titre unique, des dispositions spéciales sont applicables à chacun d'eux. Nous diviserons donc notre étude en deux chapitres.

Le premier, consacré aux officiers de l'état civil de droit commun, nécessitera les plus longs développements, car nous devrons y exposer les règles générales qui régissent notre matière. Avec le second et dernier chapitre, nous verrons dans quelles limites le législateur a restreint la compétence des officiers de l'état civil autres que les membres des municipalités. Au cours de nos explications, nous aurons soin d'examiner les sanctions attachées par la loi à la violation des différentes règles de compétence.

CHAPITRE PREMIER

RÈGLES GÉNÉRALES DE COMPÉTENCE

82. — La compétence de tout officier public doit être envisagée à deux points de vue. Non seulement il est nécessaire que l'acte accompli par lui rentre dans le cadre de ses attributions, mais il faut aussi que l'officier public ait reçu cet acte dans le lieu où il avait le droit d'instrumenter. A la compétence *réelle* s'ajoute la compétence *territoriale*. Nous sommes donc amené tout naturellement à diviser ce chapitre en deux sections.

SECTION I

Compétence réelle ou « ratione materiæ »

83. — Les officiers de l'état civil ne peuvent accomplir que les actes qui rentrent, par leur nature et par leur objet, dans les limites de leurs attributions. Hors de la mission spéciale qui leur est conférée et bien

que la loi ne le dise pas, il est évident que les officiers de l'état civil n'ont aucun caractère public. Les particuliers ne pourraient même, de leur propre volonté, déroger à ce principe, car la compétence des officiers de l'état civil est d'ordre public et ne peut être réglée que par la loi. Supposons donc qu'un maire agissant comme officier de l'état civil ait dressé un contrat d'adoption, acte juridique qui rentre dans les attributions des juges de paix, nous serons en présence d'un acte inexistant, dénué de toute force légale. Les officiers publics ne peuvent, en effet, recevoir indistinctement toutes sortes d'actes ; le législateur a fait à chacun d'eux sa part d'attributions en dehors desquelles l'officier public perd son caractère.

84. — La mission confiée par la loi aux officiers de l'état civil réside, d'une part, dans la constatation de certains faits constitutifs de l'état des personnes et, en second lieu, dans la rédaction d'écrits destinés à en assurer la preuve. Sans entrer dans le détail des dispositions législatives qui ont trait aux différentes fonctions des officiers de l'état civil, ce qui nous conduirait à l'étude de l'état civil lui-même, il est nécessaire d'exposer brièvement leurs attributions qui sont les suivantes :

1° Constater les naissances (art. 55). Cette constatation s'accomplit par la présentation de l'enfant à l'officier de l'état civil.

2° Constater les décès (art. 77). L'officier de l'état civil est tenu de se transporter auprès de la personne décédée pour s'assurer de son décès.

3° Recevoir les reconnaissances d'enfants naturels (art. 334).

4° Faire les publications de mariage requises par l'article 63 du Code civil et en dresser acte. Ces publications consistent dans la proclamation, à haute voix, devant la porte de la maison commune, des mariages projetés. En France, ces publications sont négligées dans la pratique ; mais à l'étranger, en Belgique par exemple, les prescriptions du Code sont observées.

5° Célébrer les mariages (art. 165). Les fonctions de l'officier de l'état civil, en cette circonstance, consistent dans la lecture de certaines pièces et de certains textes de loi, dans les interpellations qu'il adresse aux parties et dans les réponses qu'il en reçoit, ainsi que dans la proclamation de leur union.

6° Dresser les actes de naissance (art. 56), de décès (art. 78), de mariage (art. 75), et de reconnaissance (art. 62). Ces écrits sont des procès-verbaux inscrits sur les registres de l'état civil et destinés à établir la preuve légale des différents faits qu'ils relatent.

7° Opérer les transcriptions prescrites par la loi. L'officier de l'état civil joue ici un rôle purement passif. Il reproduit dans leur intégralité, sur ses registres, l'acte ou le jugement qui a déjà constaté

l'existence d'un fait d'état civil. L'accomplissement
de cette formalité constitue une mesure de publicité
qui est établie dans l'intérêt des tiers. Il y a lieu à
transcription dans les cas suivants :

A) Lorsqu'une reconnaissance d'enfant naturel a
été reçue par une personne autre qu'un officier de
l'état civil, la transcription de l'acte de reconnaissance sur les registres de la commune où l'enfant
est né peut être requise par les intéressés (art. 334).

B) Les actes de décès des personnes mortes dans
les hôpitaux militaires, civils ou « autres maisons
publiques », doivent être transcrits par l'officier de
l'état civil du dernier domicile des personnes décédées (art. 80).

Le Code civil prescrit les mêmes formalités, lorsque
le décès d'une personne résulte d'un cas de mort
violente (art. 82).

C) Les actes de naissance et de décès reçues dans
un lazaret doivent être transcrits sur les registres de
l'état civil de la commune dans la circonscription
de laquelle se trouve situé le lazaret (Loi du 3 mars
1822, art. 45 et Décret du 23 décembre 1850).

D) Les autorités militaires investies des fonctions
d'officier de l'état civil doivent transmettre les actes
qu'elles reçoivent au ministre de la Guerre ou au ministre de la Marine. Ceux-ci en assurent la transcription
sur les registres de l'état civil du dernier domicile du
père s'il s'agit d'une naissance, du mari pour les actes

de mariage et du défunt, à l'égard des actes de décès (art. 93 et 96 modifiés par la loi du 8 juin 1893).

E) Lorsqu'un décès ou une naissance se produit en mer, expédition de l'acte dressé par les autorités compétentes doit être déposée au premier port où le navire aborde, puis transmise au ministre de la Marine. Ce dernier en fait opérer la transcription sur les registres du dernier domicile des parents du nouveau-né ou, s'il s'agit d'un décès, sur ceux du dernier domicile du défunt (art. 60 et 61 modifiés).

F) Dans les trois mois qui suivent le retour d'un Français sur le territoire de la République, l'acte de célébration du mariage contracté par lui, en pays étranger, doit être transcrit sur le registre des mariages du lieu de son domicile (art. 171). Si le nouveau domicile est différent de celui qu'il possédait avant son départ, la transcription doit avoir lieu dans les deux communes (Décision ministérielle du 7 mai 1822).

La transcription sur les registres de l'état civil n'est pas seulement exigée à l'égard d'actes reçus par des officiers publics ; elle s'applique aussi à certains jugements :

A) Les jugements de divorce font l'objet d'une transcription sur les registres de l'état civil du lieu où le mariage a été contracté (art. 251).

B) Le contrat d'adoption passé devant le juge de paix de l'adoptant, conformément à l'article 353 du

Code civil, doit être approuvé par l'autorité judiciaire (art. 354). L'arrêt de la Cour qui admet l'adoption fait l'objet d'une transcription sur les registres
de la commune où l'*adoptant* a son domicile (art.
359).

C) Les jugements ordonnant l'inscription d'un
acte omis ou la rectification d'un acte erroné sont
transcrits sur les registres courants du lieu où l'acte
primitif a été rédigé (art. 101).

8° Inscrire en marge des actes de l'état civil différentes mentions.

L'utilité de ces mentions se conçoit aisément : les
actes ou les jugements dont elles résument les dispositions modifient l'acte en marge duquel l'officier
les inscrit, ou tout au moins apportent une modification dans l'état de la personne que l'acte en question
intéresse. Ces mentions forment donc un véritable
appendice qui complète ou rectifie, selon les cas,
l'acte primitif. C'est ainsi que la reconnaissance doit
être mentionnée en marge de l'acte de naissance
(art. 62), l'opposition à mariage en marge de l'acte
de publication (art. 67), les jugements déclaratifs de
décès, sur les registres du lieu du dernier domicile à
la date du décès (art. 97 modifié par la loi du 8 juin
1893), la légitimation, en marge de l'acte de naissance de l'enfant légitime (art. 331 modifié par la
loi du 17 août 1897), la célébration du mariage, en
marge de l'acte de naissance des époux (art. 76 mo-

difié), le jugement de rectification, en marge de l'acte réformé (art. 101), les jugements de divorce, en marge de l'acte de mariage des divorcés (art. 251) et enfin le jugement d'adoption, en marge de l'acte de naissance de l'adopté (art. 359).

Ces mentions, lorsqu'elles sont requises par la loi, doivent être faites d'office par l'officier de l'état civil (art. 49 modifié par la loi du 17 août 1897).

9° Veiller à la conservation des registres courants et de ceux des années antérieures et en délivrer des extraits, sur simple réquisition.

85. — Telles sont les attributions dévolues par la loi aux officiers de l'état civil. Pour nous rendre un compte exact de la compétence *ratione materiæ* de ces fonctionnaires, il nous faut maintenant déterminer à quelles conditions leur intervention est possible et dans quelles limites elle peut s'exercer.

86. — En principe, l'officier de l'état civil ne peut agir d'office. Tout au plus, la loi lui confère-t-elle ce droit, lorsqu'il est appelé à rédiger un acte qui entraîne l'inscription d'une mention en marge d'un acte antérieur (art. 49 modifié). Cette faculté ne constitue pas véritablement, remarquons-le, une dérogation à la règle générale, car elle n'est que la conséquence d'un fait accompli en conformité de notre principe.

L'officier de l'état civil ne peut donc instrumen-

ter que si son ministère a été provoqué. Alors même
qu'une naissance ou qu'un décès serait connu de
lui, il ne lui appartient pas d'en dresser acte, tant
que la déclaration ne lui en a pas été faite, dans les
formes établies par la loi. Son seul droit est d'aver-
tir le Procureur de la République qu'une infraction
a été commise. Il est vrai que ce principe n'est
consacré par aucun article du Code civil ni par
aucune autre disposition législative, mais son existence résulte nettement de l'ensemble des textes
dont nous avons fait ci-dessus l'énumération et qui
supposent, dans tout acte de l'état civil, l'intervention préalable des intéressés.

87. — Cette conclusion nous conduit à préciser le
rôle imparti aux officiers de l'état civil dans les différentes fonctions qu'ils exercent. Les commentateurs
du Code ont souvent comparé ces fonctionnaires à
des greffiers. L'expression est assez juste, en ce sens
que le devoir des officiers de l'état civil est d'accep-
ter les déclarations qui leur sont faites sans qu'il leur
soit permis de les contester ou de les vérifier. Cependant, leur rôle n'est pas absolument passif. Ils ne doivent, en effet, insérer dans les actes qu'ils rédigent
que les déclarations requises par la loi. De là un pouvoir d'appréciation qui n'appartient pas aux greffiers
et dont les officiers de l'état civil sont, au contraire,
investis. L'article 35 du Code civil dit, en ce sens :

« En dehors des mentions relatives à l'accomplissement des formalités que la loi impose à l'officier de l'état civil, celui-ci ne doit relater dans l'acte que ce qui légalement peut faire l'objet des déclarations des comparants et a effectivement fait l'objet de leurs déclarations ». Ce texte contient deux règles bien distinctes :

1re *Règle.* — *L'officier de l'état civil ne doit relater que ce qui, d'après la loi, peut faire l'objet des déclarations des comparants.*

88. — Chabot disait, le 20 ventôse an XI, dans le discours prononcé par lui (1), au Corps législatif : « Ce qui doit être déclaré, c'est ce que la loi ordonne d'insérer dans les actes et rien de plus ». Ainsi, les parties ne peuvent faire d'autres déclarations que celles qui sont exigées par la loi et les officiers de l'état civil ne peuvent en demander ni en recevoir d'autres. Le législateur a limité, à juste titre, les mentions que l'officier de l'état civil peut insérer dans les actes, car elles font foi, tantôt jusqu'à inscription de faux, tantôt jusqu'à preuve contraire et méritent ainsi d'être strictement énumérées. Au cas où l'officier recevrait des déclarations non prévues par la loi, c'est-à-dire en dehors de sa compétence, celles-ci n'auraient aucune valeur légale. Leur suppression pourrait même être demandée aux tribunaux (Locré, t. III p. 226 n° 8).

---

(1) Locré, *op. cit.*, t. III, p. 226, n° 8.

2ᵉ *Règle.* — *L'officier de l'état civil doit se borner à reproduire les déclarations des comparants.*

89. — Le rapport de Siméon lu, le 17 ventose an XII, devant le Tribunal (1), le dit expressément : « Les officiers, rédacteurs et conservateurs de ce que les parties leur déclarent, n'ont qu'un ministère passif à remplir... Ils ne sont pas juges mais greffiers, commissaires enquêteurs ; ils ne peuvent écrire que ce qu'on leur dit. » Et, plus loin, Siméon conclut : « Les officiers rédacteurs ne peuvent ajouter ni diminuer aux déclarations qui doivent leur être faites, mais les parties ne doivent déclarer que ce que la loi demande. Si elles vont au-delà, l'officier public peut et doit refuser ce qui, dans leurs déclarations, excède ou contrarie le désir de la loi ».

90. — L'obligation où se trouve l'officier de l'état civil de s'en tenir aux déclarations des comparants ne l'empêche pas de les provoquer, si cela est nécessaire. Il ne peut, en tout cas, suppléer par lui-même au silence des parties ; il dépasserait les limites de son pouvoir. Nous ne pensons même pas que l'officier de l'état civil puisse vérifier et contrôler l'exactitude des déclarations qui lui sont faites par les comparants. Il doit se borner à les enregistrer telles quelles. Cependant s'il savait que ces déclarations

---

(1) Locré, *op. cit.*, t. III, p. 203, n° 8. Sic : Aubry et Rau, t. I, § 56, p. 196, n° 7.

sont réellement contraires à la vérité, il pourrait se refuser à les inscrire sur les registres de l'état-civil. Adopter l'opinion inverse, ce serait contraindre l'officier de l'état civil à se faire le complice de la fraude, alors que sa résistance est le meilleur moyen de la déjouer (Huc, *op. cit.*, t. I, p. 314).

SECTION II

Compétence territoriale ou « ratione loci. »

91. — Aux termes de l'article 1317 du Code civil, « l'acte authentique est celui qui a été reçu par offi- « ciers publics ayant le droit d'instrumenter dans le « lieu où l'acte a été rédigé et avec les solennités re- quises. » Les actes de l'état civil, qui sont des actes authentiques, n'échappent pas au droit commun proclamé par l'article 1317 et reproduit dans d'autres textes législatifs, notamment dans la loi du 25 ventôse an XI, sur le notariat. L'officier de l'état civil n'est investi, en effet, que d'une compétence territoriale. Il n'a qualité pour recevoir les déclarations et rédiger les actes que dans les limites de sa commune. Hors de ce lieu, son caractère d'officier public disparaît, en principe. Il n'a plus qu'un titre auquel ne correspond aucune attribution.

92. — La compétence territoriale de l'officier de

l'état civil a pour résultat de conférer à ce fonctionnaire le pouvoir de constater les faits qui se produisent dans la commune et de rédiger les actes qui y
sont afférents, alors même que les parties intéressées
auraient leur domicile dans une autre commune.
Tout fait constitutif ou modificateur de l'état civil
d'une personne rentre dans la compétence de l'officier de l'état civil, par cela seul qu'il prend naissance
sur son territoire.

93. — Il en est ainsi, que l'intéressé soit français
ou étranger, car le législateur n'a établi, sous ce
rapport, aucune distinction. La règle *locus regit actum*, dont nous avons déjà eu l'occasion de préciser
le sens (n° 54) doit donc recevoir ici son application.
En vertu de cette règle que la pratique internationale
a généralisée, l'officier de l'état civil français devient
compétent pour dresser les actes de naissance, de
décès, de mariage et de reconnaissance qui concernent les étrangers. Alors même que les agents diplomatiques et consulaires accrédités en France auraient reçu de leur loi personnelle une mission
identique à l'égard de leurs nationaux, cette investi-
ture ne ferait pas obstacle à la compétence de l'officier français. Bien plus, nous pensons que les étrangers ne peuvent se dispenser, en ce qui concerne les
actes de naissance et de décès, de suivre les formalités prescrites par la loi française. Les articles 56 et
78 du Code civil obligent, en effet, diverses personnes

à faire devant l'officier de l'état civil certaines déclarations de naissance et de décès. Ils exigent même
que ces événements soient constatés par des actes
spéciaux. De telles prescriptions ne constituent pas
simplement une mesure d'ordre privé ; elles ont un
caractère d'intérêt général. Or, l'article 3, § 1, du
Code civil, en proclamant que les lois de police et de
sûreté obligent tous ceux qui habitent le territoire,
s'applique sans aucun doute aux articles 56 et 78
précités. Les lois de police ne comprennent pas seulement les lois revêtues d'un caractère pénal, mais
aussi celles qui contribuent à assurer le bon ordre
dans l'Etat, celles qui servent l'intérêt général (1). A
ce titre, les étrangers doivent être soumis, au point de
vue de la naissance et du décès, aux mêmes règles
que les Français.

94. — La matière du mariage soulève une question
particulière qu'il nous faut résoudre dès maintenant.
La loi française, qui reconnait valables les mariages
contractés par des Français à l'étranger, suivant les
formes de la *lex loci* (art. 170), ne peut qu'assurer
sur son propre territoire les mêmes avantages aux
étrangers. L'officier de l'état civil français a donc
qualité pour célébrer le mariage de deux personnes
de nationalité étrangère, pourvu que l'une d'elles soit

---

(1) Weiss., *op. cit.*, p. 150 ; Demolombe, *op. cit.*, t. I, p. 85 ;
Aubry et Rau, *op. cit.*, t. I, p. 81.

domiciliée dans sa commune (art. 165). D'autre part, cette compétence n'empêche pas les étrangers de suivre les formes requises par leur loi nationale et, notamment, de faire célébrer leur mariage par l'agent diplomatique ou consulaire de leur pays. La même faculté est-elle impartie aux contractants lorsque leur loi nationale ne reconnaît que le mariage religieux ? Les futurs époux ne sont-ils pas astreints à requérir le ministère préalable de l'officier public français? En un mot, la règle *locus regit actum* a-t-elle ici un caractère impératif ?

Nous ne pensons qu'il faille prendre parti pour l'affirmative et notre opinion est basée sur les termes de l'article 3, § 1, du Code civil. Les travaux préparatoires du Code apportent en faveur de notre solution un précieux argument. Dans la séance du Conseil d'État du 4 vendémiaire an X (Fenet, t. IX p. 37), le premier Consul demanda pourquoi le projet ne s'expliquait pas sur les mariages contractés en France par les étrangers. Réal répondit qu'il en était ainsi « parce qu'un article déjà adopté par le Conseil décidait, en général, que les étrangers résidant en France étaient soumis aux lois françaises ». Il y a dans ces paroles une allusion évidente à l'article 3. De plus, les articles 74 et 75 sur la sécularisation du mariage intéressent au premier chef l'ordre public et nos lois postérieures ont sanctionné ces dispositions, en frappant d'une peine correctionnelle le

prêtre qui célébrerait un mariage religieux entre
personnes non encore mariées civilement (art. 199)·
Nous sommes donc amené à conclure que, dans
l'hypothèse qui nous occupe, non seulement l'officier de l'état civil est compétent à l'égard des étrangers, mais que son intervention est nécessaire (1).

Le principe de la compétence territoriale des officiers de l'état civil ainsi décrit dans sa généralité,
il nous faut étudier en détail ses différentes appli-
cations.

§ I. — *Naissances et décès.*

95. — L'article 55 du Code civil applique la règle
de la compétence territoriale des officiers de l'état
civil au cas de naissance : « Les déclarations de naissance, dit-il, seront faites dans les trois jours de l'accouchement à l'officier de l'état civil du lieu. » *Du
lieu,* c'est-à-dire du lieu de l'accouchement. Peu importe que ce fait se soit produit normalement ou par
accident. Un accouchement inopiné, se produisant
par exemple sur la voie publique, n'empêche pas que
l'acte de naissance qui doit le relater ne puisse être
valablement reçu que par l'officier de la commune
où l'enfant est venu au monde, la mère fût-elle domiciliée dans une autre commune.

(1) En ce sens : Paris, 18 déc. 1837. Sirey, 1838, II, 113 ;
Alger, 28 juin 1887, *Gaz. Trib ,* 4 nov. 1887.

L'article 77 consacre, à l'égard des actes de décès, une solution identique.

96. — De ces dispositions de la loi, devons-nous conclure à l'inexistence juridique des actes de naissance et de décès rédigés par un officier de l'état civil incompétent ? — Le législateur de 1804 n'a pas prononcé la nullité absolue des actes non conformes à ses prescriptions. Lors des travaux préparatoires du Code civil, Tronchet déclara qu'il était impossible d'établir sur les nullités des règles générales et que ce serait toujours par les circonstances qu'il faudrait juger de la nullité des actes de l'état civil (Séance du Conseil d'Etat du 6 fructidor, an IX) (1). C'est donc eu égard à la nature et à la gravité des imperfections de l'acte que cette question doit être décidée. Telle est la théorie générale des nullités en matière d'actes de l'état civil. Il faut admettre, toutefois, qu'un acte de naissance ou de décès est radicalement nul, lorsque les conditions constitutives de tout acte de l'état civil lui font défaut, par exemple s'il a été reçu par un individu sans caractère public. L'inobservation de ces formalités substantielles empêche l'acte de produire aucun effet aux yeux de la loi ; il est inexistant.

97. — La même solution s'impose-t-elle dans l'hypothèse ou l'acte émane non plus d'une personne

(1) Locré, t. II, p. 37, n° 20.

sans caractère légal, mais d'un officier de l'état
civil incompétent. Supposons que le maire de
Saint-Denis ait dressé l'acte de naissance ou l'acte
de décès d'une personne, alors que ces faits se sont
produits sur le territoire de la commune de Saint-
Ouen. Les prescriptions des articles 55 et 57 du Code
civil ont été violées. Pourtant, c'est un officier de
l'état civil qui a instrumenté et, dans notre hypothèse, l'acte figure sur les registres de la commune
dont il a la garde. Bien que les travaux préparatoires fassent naître des doutes, nous pensons que la
nullité de ces actes de décès et de naissance s'impose. S'ils ont une existence juridique, tant que toute
personne intéressée ou le ministère public n'en a
pas demandé la nullité, celle-ci ne pourra pas être
refusée par le juge. Les officiers de l'état civil n'ont
d'autorité et de caractère public que dans les limites
de leur commune. Les textes sont formels, en ce qui
concerne les naissances et les décès, et si la nullité
n'a pas été expressément attachée par la loi à la
validité de ces dispositions, on peut dire qu'elle est
virtuelle, qu'elle résulte de l'intention du législateur (1). La solution contraire porterait atteinte
aux principes les plus essentiels sur lesquels repose
l'organisation de l'état civil. Nous verrons, par la

---

(1) Sic: Demolombe, t. I, n° 279 et t. III· n°207 ; Hutteau d'Origny, tit. 7, ch. 4, § 1, n° 7.

suite, qu'il en est autrement à l'égard des actes de mariage, mais la cause en est imputable à l'existence de dispositions spéciales du Code civil relatives à cette matière.

§ II. — *Reconnaissances d'enfants naturels.*

98. — « La reconnaissance d'un enfant naturel sera faite par un acte authentique, lorsqu'elle ne l'aura pas été dans son acte de naissance. » Ainsi s'exprime l'article 334 du Code civil. Tout officier de l'état civil a donc qualité pour recevoir la reconnaissance d'un enfant naturel.

Au premier abord, l'article 334 semble porter une grave atteinte au principe de la compétence territoriale des officiers de l'état civil. Cette dérogation n'est qu'apparente. La reconnaissance est un simple aveu de paternité ou de maternité. C'est cette déclaration faite devant l'officier public qui crée la reconnaissance. En la recevant, en la consignant sur les registres de l'état civil, l'officier constate un fait qui s'est produit dans sa commune et qui, par suite, rentre bien dans les limites de sa compétence territoriale.

§ III. — *Mariages.*

99. — Les dispositions du Code civil relatives au mariage contiennent une certaine dérogation au

principe de la compétence territoriale des officiers
de l'état civil. L'article 165 exige que le mariage soit
célébré « devant l'officier du domicile de l'une des
deux parties. » C'est donc le domicile des futurs
époux qui détermine l'officier compétent, au point
de vue du mariage, et non le lieu où la célébration
se produit.

Les interprètes ne sont pas d'accord sur les règles
qui président à la fixation du domicile applicable au
mariage. Pour les uns, le Code (art. 74 et 165) a établi, en la circonstance, des dispositions spéciales et
ne permet aux futurs époux de contracter mariage
que là où l'un d'eux possède une résidence continue
de six mois. Pour d'autres commentateurs, au contraire, le domicile spécial de l'article 74 n'empêche
pas les parties de s'unir devant l'officier de leur domicile ordinaire, alors même qu'elles n'y réside-
raient pas depuis six mois. Quelque opinion que l'on
adopte sur ce point, la prescription insérée dans
l'article 165 est certaine : la compétence de l'officier
de l'état civil relativement au mariage est à la fois
territoriale et personnelle. Territoriale, puisque
l'officier est appelé à constater un fait qui se produit dans sa commune ; personnelle, car il ne peut
prêter son ministère que si l'un des deux futurs époux
justifie des conditions de domicile exigées par la loi.
Le choix de l'officier du domicile des parties est
dicté par le désir du législateur d'empêcher les ma-

riages clandestins et de prévenir les graves inconvénients qui résultent de ces sortes d'unions. Mieux
que tout autre, ce fonctionnaire peut apprécier si les
parties réunissent les capacités et les conditions
requises pour contracter mariage. C'est également
au lieu de leur domicile que, selon toute probabi-
lité, les futurs époux sont le plus connus, que la
célébration du mariage s'effectue dans les meilleures
conditions de publicité.

100. — La compétence de l'officier de l'état civil se
lie donc, dans une certaine limite, à la publicité du
mariage que le législateur de 1804 a voulu assurer
dans la plus large mesure.

Il faut se garder, cependant, de confondre le défaut de publicité avec l'incompétence et prétendre
que cette dernière ne suffit pas à elle seule pour
permettre au juge d'annuler un mariage ; que le
manque de publicité doit, en outre, avoir été constaté. En vain cette opinion a-t-elle été soutenue avec
la dernière énergie par Marcadé (*op. cit.* tome I,
p. 525 et suiv.).

L'éminent jurisconsulte fonde sa prétention sur les
termes même de l'article 191 ainsi conçu : « Tout
mariage qui n'a point été célébré devant l'officier public compétent peut être attaqué... ». La conjonctive
« et » employée dans le texte établit, au dire de notre
auteur, un lien absolu entre la publicité du mariage et
la compétence de l'officier qui doit le célébrer. L'in-

compétence se confond ainsi avec la clandestinité ;
elle est insuffisante à elle seule pour faire prononcer
la nullité d'un mariage. Ce raisonnement rencontre
un certain appui dans les procès-verbaux des travaux préparatoires du Code civil. Nous y lisons, en
effet, que dans la discussion de l'article 191, devant
le Conseil d'Etat (1), Tronchet fit les déclarations
suivantes : « La loi veut que le mariage soit célébré
publiquement et qu'il le soit devant l'officier de
l'état civil. Or, il peut arriver que cet officier célèbre
le mariage clandestinement ou qu'il ne soit pas celui
du domicile des parties. » A la suite de ces observations, Rœderer proposa de substituer la conjonctive
« et » à la conjonctive « ou » qui figurait dans le
texte primitif. L'article fut adopté avec l'amende-
ment proposé.

Cette considération est-elle assez déterminante
pour faire prévaloir le système enseigné par Marcadé? Nous ne le pensons pas. L'ensemble des dispositions qui régissent la matière du mariage s'y opposent formellement.

Aux termes de l'article 165, le mariage doit être
célébré publiquement, devant l'officier de l'état civil
du domicile de l'une des parties. La publicité ne se
confond donc pas avec la compétence, puisque le
texte a soin de les distinguer l'une de l'autre. Une

(1) Locré, t. IV, p. 118, n° 7.

remarque identique peut être faite, à propos de l'article 193 qui établit des peines pour contravention « aux règles » de l'article 165, supposant ainsi l'existence d'au moins deux règles distinctes qui ne peuvent être, en la circonstance, que celles de la publicité et de la compétence.

Au surplus, l'argument fondé sur la rédaction de l'article 191 ne nous touche pas. Que dit cet article, en effet ? Que toute personne intéressée peut attaquer le mariage « qui n'a point été célébré publiquement, devant l'officier public compétent ». Si la compétence n'était pas un élément séparé de la publicité, le législateur aurait eu soin de réunir ces deux conditions dans une seule expression. Il ne l'a pas fait et de là résulte cette conséquence qu'il faut entendre l'article 191 de la façon suivante : tout mariage qui n'a point été contracté publiquement et tout mariage qui n'a point été célébré devant l'officier de l'état civil compétent, peut être attaqué...

Marcadé voit la confirmation de sa théorie dans le rôle joué par l'officier de l'état civil, en matière de mariage. Celui-ci, dit-il, n'est qu'un *simple témoin*, nécessaire il est vrai, mais dont la loi n'exige la présence que pour la publicité du mariage. Cette assertion est évidemment inadmissible. Borner la mission de l'officier de l'état civil à celle d'un simple témoin, c'est méconnaître la pensée de la loi qui distingue partout l'officier public d'avec les témoins (art 39.)

Portalis a employé l'expression dont se sert Marcadé, cela est vrai, mais l'illustre orateur n'a pas voulu donner à sa pensée cette exagération (1). L'officier de l'état civil doit interpeller les contractants dont il reçoit le consentement ; c'est lui qui, au nom de la loi, déclare les époux unis par le mariage. Un tel rôle n'est pas celui d'un simple témoin.

Nous concluons donc que l'incompétence peut être, à elle seule, une cause de nullité de mariage. La nullité pour incompétence se distingue nettement de la nullité pour clandestinité (2).

101. — Assurément, nous l'avons déjà établi (n° 99), la compétence de l'officier de l'état civil forme un élément important de la publicité. L'incompétence constitue un vice de forme, une irrégularité qui tient à la célébration même du mariage. Elle aggrave le vice de clandestinité dont pourrait être atteint un mariage et constitue une raison de plus pour en entraîner la nullité. Dans tous les cas, l'incompétence de l'officier de l'état civil ne saurait rendre le mariage inexistant ; elle ne peut donner naissance qu'à une action en nullité. Il faut se garder, en effet, de confondre l'incompétence avec l'absence d'officier public. La loi n'exige, pour la formation du mariage, que la présence d'un officier de l'état civil.

(1) Demolonbe, t. III, p. 181.

(2) En ce sens : Aubry et Rau, t. V, § 467, p. 110 ; Baudry-Lacantinerie, t. I, n° 539 ; Laurent, t. II, n° 481.

L'incompétence de ce dernier rend la célébration irrégulière ; elle vicie le mariage d'une manière plus
ou moins profonde, mais ne l'empêche point d'exister, tant que la justice n'en a pas prononcé l'annula-
tion.

102. — Cette question préliminaire résolue, il nous
faut rechercher maintenant de quelle nullité est atteint le mariage célébré par un officier incompétent.

Le Code civil reconnaît, en matière de mariage,
deux sortes de nullités : d'une part, les nullités relatives et, d'autre part, les nullités absolues. Ce qui ca-
ractérise ces dernières, c'est qu'elles sont d'ordre
public, qu'elles peuvent être proposées par toute
personne qui y a intérêt. Or, l'article 191 du Code
civil déclare : « Tout mariage..... qui n'a point été
« célébré devant l'officier public compétent, peut
« être attaqué par les époux eux-mêmes, par les
« père et mère, par les ascendants et par tous ceux
« qui y ont un intérêt né et actuel, ainsi que par
« le ministère public. » C'est donc dans la catégorie
des nullités absolues que nous devons placer la nullité de mariage pour incompétence de l'officier de
l'état civil.

103. — L'incompétence, résultat de la violation des
règles que nous avons signalées, peut exister sous
plusieurs aspects. Elle se produit soit *ratione personarum*, soit *ratione loci*. Dans le premier cas, l'officier

de l'état civil a prêté son ministère à des contractants, alors qu'aucun d'eux n'avait son domicile dans
sa commune ; dans le second, il a célébré un mariage hors des limites de sa commune. Examinons
en détail ces deux hypothèses :

104. — 1er *Règle.* — *L'officier de l'état civil est incompétent lorsqu'il procède à la célébration du mariage de deux personnes dont aucune n'a dans la
commune où il exerce ses fonctions, ni son domicile
général, ni le domicile spécial indiqué par l'article 74
du Code civil.*

L'incompétence est ici hors de doute ; elle résulte
de l'article 165 et se conçoit pour les raisons de publicité que nous avons antérieurement signalées.
Une action en nullité est ouverte à tout intéressé
contre le mariage célébré dans de telles circonstances (art. 191). Mais, devons-nous admettre que la
nullité s'impose au juge, ou au contraire, qu'une
liberté d'appréciation lui est impartie et que, selon
les circonstances, il pourra annuler ou valider le
mariage ainsi célébré ?

Pour le jurisconsulte Merlin (1), la nullité est au-
dessus de toute contestation. Telle est, à son avis, la
solution que comporte l'examen des articles 165 et
191. Cette conclusion ne nous paraît pas d'une évidence aussi absolue. Rappelons les termes de l'ar-

(1) Répertoire : Mariage, sect. VI, § 2, quest. 2.

ticle 191 : « tout mariage qui n'a pas été célébré devant l'officier public compétent, peut-être attaqué... »

L'expression *« peut-être attaquée »* ne saurait signifier que le juge se trouve dans l'obligation de prononcer la nullité d'un mariage atteint du vice d'incompétence. Elle consacre, au contraire, en sa faveur une pure faculté et lui donne un pouvoir d'appréciation discrétionnaire. Si le prononcé de la nullité du mariage avait été inévitable, le législateur aurait eu soin de consacrer cette obligation en termes exprès.

L'article 193 confirme notre interprétation. Il punit d'une amende de 300 fr. « toute contravention « aux règles prescrites par l'article 165, lors même « que ces contraventions ne seraient pas jugées suf-« fisantes pour faire prononcer la nullité du ma-« riage ». Or, l'article 165 est celui-là même qui ordonne la célébration du mariage devant l'officier du domicile de l'une des parties. Il y a donc des cas où, dans notre hypothèse, l'incompétence de l'officier de l'état civil pourra être jugée insuffisante pour entraîner la nullité du mariage. Ce fait se produira lorsque le vice d'incompétence n'aura pas empêché que le mariage se fasse avec une publicité suffisante, auquel cas la nullité serait plus nuisible que rationnelle.

La doctrine que nous soutenons a été confirmée par la Cour de Bordeaux, dans un arrêt rendu, le 5 janvier 1852 : « Attendu, dit la Cour, qu'en supposant que l'officier de l'état civil n'aurait pas été compétent à cause du domicile des deux époux, cette circonstance n'est pas suffisante, à elle seule, pour faire déclarer nul un mariage librement consenti si, d'ailleurs, comme dans l'espèce, l'acte a été environné d'une incontestable publicité (1)... »

Les raisons alléguées par la Cour de Bordeaux sont des plus rationnelles. Elles répondent à une objection qui a été faite à notre théorie par certains auteurs. Votre raisonnement, disent ceux-ci, est possible pour la nullité résultant de la clandestinité, car ce vice est susceptible de plus ou de moins. Lorsqu'il s'agit de compétence, votre théorie n'est plus soutenable. On ne conçoit pas que la compétence soit soumise à appréciation, à mesure. L'officier de l'état civil est compétent ou ne l'est pas ; il ne saurait y avoir de milieu. Cette critique, très séduisante au premier abord, ne résiste pas à un examen quelque peu attentif des faits. Sans doute, la compétence diffère de la publicité, mais nous avons montré antérieurement qu'il existe une certaine corrélation entre elles. L'incompétence de l'officier public peut contribuer à la clandestinité du mariage. Si la loi (art. 165) donne une préférence à l'officier du domicile des parties, c'est qu'elle présume que ce fonctionnaire connaît les contractants mieux que tout

(1) D. P. 1852, 2, 173.

Benôtre   9

autre et que le mariage atteint le plus haut degré de
publicité, lorsqu'il se fait à l'endroit où l'un des futurs époux est domicilié ou réside depuis six mois.
Cette présomption ne répond pas toujours à la réalité.
La célébration d'un mariage peut avoir été faite par
un officier incompétent, sans être pour cela entachée
de clandestinité. Il en sera ainsi lorsque la cérémo-
nie aura eu lieu dans une commune où les contractants sont connus, où ils ont de nombreuses rela-
tions. Dans cette hypothèse, les époux auront violé
les dispositions de l'article 165, mais est-il rationnel
de faire dépendre la nullité d'un mariage d'une
étroite question d'habitation pendant six mois? Assurément non, et c'est pour ce motif que le législateur
a laissé au juge toute latitude pour prononcer ou repousser la nullité, selon les circonstances. Cette solution est d'ailleurs fort équitable et permet de con-
cilier l'ordre public avec l'intérêt des familles.

104. — 2e *Règle.* — *L'officier de l'état civil est incompétent lorsqu'il célèbre un mariage hors du territoire de sa commune, alors même que « ratione personarum, » il aurait le droit de procéder au mariage
des contractants.*

L'opinion que nous venons d'émettre n'est pas admise par tous les auteurs. Des objections multiples
lui ont été faites (1).

(1) Mourlon, t. I, n° 585 ; Aubry et Rau, t. V, § 467, p. 115 ;
Baudry-Lacantinerie, t. I, p. 541.

Tout d'abord, a-t-on dit, aucun texte ne défend aux officiers de l'état civil de célébrer un mariage hors de leur commune. Le mariage, proclame l'article 191, « sera célébré publiquement devant l'officier de l'état civil du domicile des parties. » Le lieu de la célébration est passé sous silence ; il faut en conclure que l'article 191 n'a voulu trancher qu'une question de compétence personnelle et non de compétence territoriale. L'article 74 parle, il est vrai, du domicile des parties, mais il ne renferme qu'une règle de procédure. Celle-ci est même dépourvue de toute sanction, alors que le législateur a pris soin de déterminer avec précision la nullité pour incompétence des actes reçus par certains officiers publics, les notaires et les huissiers, par exemple (v° art. 68 de la loi du 25 ventôse an XI et déclaration du 1er mars 1730).

D'autre part, dans son Répertoire (1), Merlin a soutenu que les officiers de l'état civil exerçaient un ministère purement passif, que la célébration du mariage n'était pas de leur part un acte de juridiction. Alors même que le contraire serait vrai, ajoute l'éminent jurisconsulte, la célébration du mariage ne constituerait qu'un acte de juridiction volontaire et non de juridiction contentieuse. Il faut, dès lors, observer qu'à ces sortes d'actes ne s'applique pas la règle *extra territarium jus dicenti impuné non pare-*

---

(1) V° Mariage, sect. IV, § 1, art. 1er, quest. 3.

tur, et que l'officier auquel appartient la juridiction volontaire peut en exercer les actes hors de son territoire. Cela résulte des lois 2 pr. Dig. *de officio proconsulis* ; 31, § 1 *de adopt.* et 17, pr. *de manumissis vindicta*, d'après lesquelles il n'est pas nécessaire qu'un magistrat soit sur son territoire pour que l'on puisse devant lui adopter un enfant, émanciper un fils de famille ou affranchir un esclave parce que, hors de leur territoire, les magistrats ont la juridiction sinon contentieuse, du moins volontaire. La règle romaine, déclare Merlin, doit être appliquée à notre hypothèse. Si, en effet, les lois Romaines veulent qu'un officier public, investi de la juridiction volontaire, puisse l'exercer hors de son territoire, c'est parce qu'il s'agit d'actes que nul autre que lui ne pourrait recevoir et qu'il est, dès lors, naturel que les parties s'adressent à lui, partout où elles le rencontrent. Ainsi, un acte d'adoption, d'émancipation ou d'affranchissement ne pouvait être fait que devant le proconsul. Il était donc naturel que ce magistrat fût compétent pour ces actes, partout où il se trouvait. Une solution identique doit être reconnue, de nos jours, à l'égard du mariage qui, aux termes de l'article 165, ne peut être célébré que devant l'officier de l'état civil du domicile de l'une des parties. Toute autre est la compétence des notaires, parce que les intéressés peuvent se présenter devant tel notaire qu'il leur plaît de choisir pour lui confier le soin de constater leurs conventions.

105. — Ces arguments sont loin d'être décisifs. Le texte de l'article 165 semble bien, au premier abord, ne viser que la compétence personnelle mais, si nous le rapprochons de l'article 74, il n'est plus possible de douter que le législateur n'ait limité les pouvoirs de l'officier de l'état civil à l'intérieur de sa commune. L'article 165 est inséparable de l'article 74. Il suppose l'officier instrumentant dans la commune, là où se trouvent les registres sur lesquels les actes doivent être dressés, sur le champ (art. 75) (1). Désigner l'officier, c'est désigner le lieu de la célébration.

Les distinctions établies, à Rome, entre les règles applicables aux actes de juridiction contentieuse et celles qui régissent les actes de juridiction volontaire n'ont été reproduites dans aucun texte. Quand bien même le principe subsisterait encore, nous ne croyons pas qu'il soit possible de l'appliquer ici. La constatation des naissances et des décès, ainsi que la rédaction des procès verbaux destinés à en assurer la preuve, constituent des actes de juridiction volontaire. Nous n'avons pas admis, cependant, qu'il fût possible de soutenir qu'un officier de l'état civil eût compétence pour dresser les actes de naissance ou de décès de personnes nées ou décédées sur le territoire d'une commune voisine. Il y aurait donc

(1) Demolombe, *Du Mariage*, tome III, n° 207.

des règles spéciales pour le mariage ? Aucun texte
ne nous l'indique.

C'est, d'ailleurs, un principe général de droit.
français qu'un officier public perd toute compétence,
hors des limites de son territoire. La question n'est
pas controversée, à l'égard des maires agissant en
qualité d'administrateurs ou d'officiers de police judiciaire. Soutenir que, comme officiers de l'état civil,
leur droit est tout différent, c'est créer entre les pouvoirs du maire une distinction que la loi ne nous paraît pas avoir introduite (1).

Notre solution est enfin attaquée, au nom de l'intérêt de la société qui exige qu'un mariage puisse
être célébré, en toute circonstance. Si, dit-on, l'officier de l'état civil ne peut se transporter dans une
autre commune, vous empêcherez souvent la célébration des mariages *in extremis*, dont l'urgence est
absolue et l'utilité incontestable. La loi qui, par son
silence, autorise ces sortes de mariages, ferait preuve
d'un manque absolu de logique, en s'opposant au dé-
placement peut-être indispensable de l'officier du domicile des intéressés.

A cet argument de fait, nous répondrons que le
législateur de 1804 n'a certainement pas songé, en
rédigeant les articles 74 et 165, aux mariages *in*

---

(1) En ce sens : Demante, t. I, p. 337 ; Demolombe, t. I, n° 207 ;
Laurent, t. II, n° 482.

extremis. Une résidence de six mois suffit, d'ailleurs, pour attribuer compétence à l'officier de l'état civil et rend assez rare l'hypothèse ou un mariage ne pourrait être contracté. Quoi qu'il en soit, cette situation se rencontre, dans beaucoup d'autres cas, et ne saurait suffire pour infirmer une solution imposée par les textes et par les principes.

En résumé, l'officier de l'état-civil n'a aucune compétence, hors du territoire de sa commune. En matière de mariage notamment, il est inexact d'affirmer que la règle de l'article 165 a pour effet d'anéantir les dispositions de l'article 74 et les principes généraux sur la compétence territoriale des officiers de l'état civil.

106. — Il nous reste à préciser la sanction applicable à la violation de cette dernière règle. Les tribunaux devront-ils nécessairement prononcer la nullité du mariage célébré dans les conditions que nous avons supposées, ou faut-il décider qu'un pouvoir d'appréciation est imparti aux juges et que ceux-ci pourront, selon les circonstances, annuler le mariage ou le laisser subsister ?

L'article 191 frappe de nullité tout mariage qui n'a point été célébré devant l'officier de l'état civil compétent. Nous avons établi (n° 103) que, de la combinaison des articles 165 et 193, il résulte que cette nullité ne s'impose pas aux tribunaux. Ceux-ci peuvent l'écarter, si les autres formalités prescrites

pour la publicité du mariage ont été remplies. Nous
ne serions donc pas embarrassés pour résoudre la
question qui nous occupe, en ce moment, si l'article
191 n'offrait prise à controverse. On a prétendu (D.
P. 1824. 1. 341) que les articles 191 et 193 ne s'appliquent qu'à l'incompétence personnelle de l'officier
de l'état civil. Lorsqu'il s'agit, au contraire, de l'incompétence territoriale, la nullité cesse d'être facultative ; elle est inévitable et les tribunaux ne peuvent
se dispenser de la prononcer.

107. — Telle n'est pas notre opinion. Le rappro-
chement des articles 74, 165, 191 et 193 prouve que,
lorsqu'en matière de mariage, le Code civil emploie
l'expression d'incompétence, il vise aussi bien l'incompétence territoriale que l'incompétence personnelle. Cette dernière n'entraînera la nullité du
mariage que si elle est de nature à le priver de la
publicité et de l'authenticité qui en sont les conditions nécessaires. La même solution doit s'appliquer
à l'incompétence territoriale. Lorsque l'officier de
l'état civil célèbre un mariage hors de sa commune,
il commet bien une irrégularité, mais la loi n'a pas
jugé que celle-ci fût d'une gravité suffisante pour
entraîner, dans tous les cas, la nullité du contrat.
Elle a préféré, à juste titre, laisser aux tribunaux,
mieux en situation pour apprécier, le soin de statuer
définitivement. Dans cette hypothèse, comme dans
la précédente, le législateur a voulu que les juges

eussent une grande latitude pour prononcer, dans chaque contestation, suivant les faits, la décision la plus équitable et la plus utile à l'intérêt des mœurs en même temps qu'à la paix des familles (1).

108. — La même solution doit être admise, alors même que l'incompétence de l'officier de l'état civil serait à la fois territoriale et personnelle. Les articles 165, 191 et 193 ne distinguent pas entre les diverses sortes d'incompétence dont l'officier civil peut être affecté. Il paraît difficile, en conséquence, d'annuler un semblable mariage, si le consentement des époux a été sérieux et si les autres formalités requises pour la publicité ont été remplies.

§ IV. — *Transcriptions.*

109. — La compétence des officiers de l'état civil, au point de vue de la transcription des actes ou des jugements relatifs à l'état civil, offre un caractère mixte. Tantôt, le législateur donne qualité à l'officier public du domicile de la personne que l'acte ou le jugement intéresse. Parfois, au contraire, la compétence de l'officier de l'état civil est indépendante de toute question de domicile. Cette différence de solu-

---

(1) Marcadé, sur l'art. 191, n° 2. Demante, t. I, 275 *bis*. Demolombe, t. I, n° 298, Laurent, t. II, n° 483. Huc, t. II, n° 155. Cass., 31 août 1824, Sir., 1824, 1, 360.

tions s'explique par ce fait que deux motifs absolument distincts régissent la matière des transcriptions.

110. — Lorsque le législateur donne compétence à l'officier du domicile, c'est que la transcription intervient dans un but de publicité. Ainsi, l'acte concernant un Français à l'étranger et l'acte de décès d'une personne décédée dans une commune autre que celle de son domicile obtiennent une publicité plus efficace que toute autre, lorsqu'ils sont transcrits au domicile des parties ou, si celui-ci n'existe plus en France, à leur dernier domicile. C'est à cette idée qu'obéit le législateur, lorsqu'il exige que le mariage soit célébré devant l'officier du domicile de l'un des futurs époux (art. 165, C. civ.). La même théorie s'affirme encore, en matière d'adoption. L'article 359 du Code civil déclare que, dans les trois mois qui suivent l'arrêt de la Cour d'appel prononçant l'adoption, la transcription de cet acte doit être faite sur le registre de l'état civil du lieu où l'*adoptant* est domicilié. L'adoption, ajoute l'article 359, restera sans effet, si elle n'a pas été inscrite dans le délai fixé. La loi attache donc une importance capitale à la transcription de certains actes par l'officier de l'état civil qu'elle a spécialement désigné à cet effet. Elle considère l'observation de ses prescriptions comme une mesure de publicité des plus rigoureuses.

111. — Lorsque la transcription ordonnée est celle

d'un jugement qui complète ou rectifie un acte antérieur, le Code fait abstraction du domicile des parties. Aucun motif, d'ailleurs, ne poussait à en tenir compte, le besoin de publicité n'étant plus en jeu. L'officier de l'état civil de la commune où l'acte primitif a été dressé est tout indiqué, au contraire, pour opérer la transcription du jugement intervenu. C'est lui qui rédigera la mention marginale prescrite par l'article 49 et, d'un autre côté, il est bon que l'officier dépositaire des registres de l'état civil possède tous les éléments qui pourront lui permettre d'en assurer, à l'égard des tiers, une communication exacte et fidèle.

§ V. — *Mentions.*

112. — Les mentions consistent dans l'inscription, en marge d'un acte antérieur, du résumé des dispositions d'un acte ou d'un jugement qui s'y réfère. C'est dire qu'elles ne peuvent être faites que par les détenteurs des registres sur lesquels figurent ces actes primitifs. L'officier du lieu où l'acte visé a été reçu a donc seul compétence pour inscrire, en marge, les mentions prescrites par la loi. Ajoutons que les greffiers des tribunaux civils doivent opérer les mêmes mentions sur les doubles des registres dont ils sont dépositaires. (Art. 49).

§ VI. — *Hypothèses particulières.*

113. — L'étude à laquelle nous nous sommes livré,
dans les cinq paragraphes précédents, ne nous a
permis d'exposer la compétence territoriale des officiers de l'état civil qu'à un certain point de vue. Nous
avons montré que ces officiers avaient mission de
relater les différents faits constitutifs de l'état des personnes qui se produisent sur le territoire de leur commune. Il nous faut rechercher maintenant si la compétence de l'officier de l'état civil s'applique bien à
toutes les personnes domiciliées dans sa commune.
N'existe-t-il pas des dispositions législatives qui défendent à ces officiers d'instrumenter à l'égard de
certaines personnes, des membres de leur famille
par exemple, ou leur commandant de s'abstenir lorsqu'ils sont intéressés dans l'acte qu'ils reçoivent?

L'affirmative pourrait se concevoir. De semblables
dispositions existent même dans la législation belge.
Un arrêté royal du 8 juin 1823 défend aux officiers
de l'état civil « de recevoir aucun acte qui les concerne personnellement ou qui concernerait leur
épouse, leurs père et mère ou leurs enfants. »

114. — L'ancien droit français ne présente aucun
monument de législation relatif à ces différentes hypothèses. Cette absence de textes n'offre, d'ailleurs,
rien d'anormal puisque, d'une part, le clergé ca-

tholique observait le célibat et que, d'un autre côté, l'adoption était inconnue, avant le Code civil. Le prêtre, dépositaire des registres de l'état civil, ne pouvait donc jamais constater son propre état. Tout au plus, était-il possible qu'il fût amené à instrumenter envers les membres de sa famille, relativement restreinte.

Le législateur de 1804 ne se trouvait pas en face d'une situation identique et son silence laisse un certain nombre de questions en suspens. La sécularisation de l'état des personnes qui eut pour conséquence la remise des registres de l'état civil aux mains des agents municipaux soulevait alors de nouveaux problèmes que le Code civil aurait bien dû résoudre.

115. — Une Circulaire du ministre de la Justice, en date du 21 juillet 1818 (citée par Hutteau d'Origny. Actes de l'état civil tit. II, chap. II, n° 3), dispose que les officiers de l'état civil doivent, en général, s'abstenir de dresser les actes intéressant les membres de leur famille. Les sentiments qui ont inspiré l'auteur de ces instructions sont assurément très louables et l'on ne peut qu'engager les officiers de l'état civil à s'y conformer (1). Il ne faut pas oublier toutefois, que la circulaire de 1808 ne saurait avoir qu'une valeur

---

(1) Sic. Demolombe, t. I, n° 279. Fuzier Hermann, art. 34, n° 60.

purement officieuse et que ses dispositions ne comblent pas la lacune qui existe dans le Code civil.

L'absence de textes nous conduit à décider que la parenté ou l'alliance qui pourrait exister entre les intéressés et l'officier de l'état civil ne constitue pas un obstacle à la compétence de ce dernier. D'après le droit commun, en effet, l'officier de l'état civil peut instrumenter à l'égard de toute personne. La seule condition à laquelle il soit soumis est que le fait qui motive son intervention ait eu lieu dans les limites de sa commune.

Il est vrai que le législateur a parfois défendu aux officiers publics de recevoir les actes intéressant certains membres de leur famille. L'article 8 de la loi du 25 ventôse an XI, par exemple, dit que « les notaires ne pourront recevoir les actes dans lesquels leurs parents ou alliés en ligne directe, à tous les degrés et, en ligne collatérale jusqu'au degré d'oncle ou de neveu inclusivement, seraient parties ou qui contiendraient quelque disposition en leur faveur. L'article 68 de la même loi déclare un tel acte nul, s'il n'est pas revêtu de la signature de toutes les parties ; s'il les contient, il est valable comme acte sous-seing privé. Certains auteurs ont voulu étendre, par voie d'analogie, l'article 8 de la loi du 25 ventôse an XI aux officiers de l'état civil. Nous pensons que cette assimilation ne repose sur aucune base juridique. L'article 8 précité constitue déjà une excep-

tion à l'article 3 de la même loi, aux termes duquel
les notaires sont obligés de prêter leur ministère à
tout requérant. Il déroge, en outre, au droit commun
applicable aux officiers publics qui sont compétents
à l'égard de *toute personne*. Comment, dès lors, se con-
tenter d'un simple argument d'analogie pour créer
une incompétence des officiers de l'état civil? — Il
faudrait pour cela l'existence d'un texte formel,
d'autant plus que certaines dispositions du Livre II,
titre 2, du Code civil repoussent l'assimilation préco-
nisée. C'est ainsi, qu'à l'encontre des règles relatives
aux actes notariés, l'article 37 du Code permet aux
parents des parties d'être témoins, dans les actes de
l'état civil.

116. — Nous reconnaissons que, si le législateur
n'a pas établi envers l'officier de l'état civil les pro-
hibitions formelles que nous repoussons, il est des
cas où l'abstension de celui-ci devient la conséquence nécessaire d'autres prescriptions de la loi.
Lorsque l'article 56 dispose que la naissance de
l'enfant sera déclarée par le père, il soumet à cette
obligation l'officier de l'état civil, aussi bien que
toute autre personne. Cette prescription ne pourra
être suivie que si l'officier abandonne ses fonctions
pour jouer le rôle de simple déclarant. Aussi, des
Instructions ministérielles du 21 juillet 1818 et du
16 novembre 1824 déclarent-elles que l'officier de
l'état civil ne peut recevoir un acte, toutes les fois

qu'il est du nombre des personnes dont la déclaration, le consentement ou le témoignage sont requis
pour la validité de l'acte. Le ministre de la Justice
engage les maires à ne pas se départir des prescriptions légales et à être déclarants ou témoins, si la loi
le leur prescrit, laissant à leur suppléant le soin
d'exercer les fonctions d'officier de l'état civil. Quoi
qu'il en soit, alors même que l'officier ne se serait
pas soumis au vœu de la loi, la nullité n'atteindrait
pas nécessairement les actes dressés par lui (1). Nous
connaissons le système du Code civil à ce sujet : les
juges sont investis, en matière de nullité d'actes de
l'état civil, d'un large pouvoir d'appréciation.

117. — Une hypothèse voisine de celle que nous
venons d'examiner se présente, lorsque l'officier de
l'état civil a été à la fois officier public et partie à
l'acte. Par exemple, il a joué le rôle de déclarant ou
encore celui de témoin, tout en remplissant sa mission d'officier de l'état civil. Ce cumul de fonctions
constitue une grave irrégularité. Il faut distinguer,
en effet, dans les différents actes de l'état civil, plusieurs personnes : l'officier, le déclarant, les témoins.
Les uns et les autres ne se confondent pas entre eux.
Chacun joue un rôle particulier et c'est afin de
mieux assurer la sincérité de l'acte que le législateur

(1) En ce sens : Demolombe, t. I, p. 346 ; Orléans, 30 août 1842,
Journal du palais, 1849, II, 362.

a établi cette multiplicité de parties auxquelles il a
confié des attributions spéciales. La personne de
l'officier de l'état civil surtout est bien distincte de
celle des autres. C'est à lui que la loi a donné le rôle
principal, mais elle exige qu'il ne procède à la ré-
ception des actes qu'en présence de témoins, lesquels ne se confondent pas, d'ailleurs, avec les déclarants. Il ne peut donc dépendre de l'officier de
l'état civil de diminuer les garanties introduites par
le législateur ou même de les faire tout à fait disparaître, en réunissant en sa personne plusieurs de ces
rôles.

118. — Nous ne pensons pas, toutefois, que la nullité de l'acte de l'état civil, dressé en de telles circonstances, s'impose nécessairement au juge. Il y a
toujours absence de dispositions légales prononçant
la nullité. Celle-ci, nous le savons, est facultative
pour les tribunaux, lesquels statuent suivant les circonstances qu'ils apprécient souverainement. La loi
a été violée; le juge déterminera si la nullité de
l'acte doit en être la sanction. Il n'y a aucun motif
pour repousser, dans l'hypothèse présente, le pouvoir
discrétionnaire des tribunaux qui est la règle générale admise par le Code, en matière de nullité des
actes de l'état civil.

119. — N'est-il pas inévitable, cependant, de créer
une exception au principe que nous venons de rap-
peler lorsque, dans un acte de mariage, l'officier de

l'état civil aura joué à la fois le rôle d'officier public
et celui de contractant? En d'autres termes, l'officier
de l'état civil n'a-t-il aucunement qualité pour célébrer son propre mariage?

Coin Delisle (*op. cit.* Introduction, n° 12) est d'avis
que la compétence de l'officier peut être admise, dans
certaines circonstances. Il suppose qu'un mariage a
été célébré dans une commune rurale dont les habitants sont illettrés, alors que toutes les parties sont
de bonne foi et que les plus proches parents de part
et d'autre, témoins du mariage, n'ont élevé aucune
réclamation. Quels juges, dit-il, quand toutes les
autres formalités auront été observées, toutes les
conditions remplies, qu'il y aura consentement des
parties contractantes, assentiment exprimé de la famille, publications, publicité, dépouilleront la femme
et les enfants de leur état?

A l'appui de sa thèse et pour la justifier juridique-
ment, Coin Delisle invoque certaines dispositions du
droit romain. Il résulte des lois 2 et 3 *pr. de adoptio-
nibus* et de la loi 2. *pr. de off. præsidii*, que le magistrat pouvait faire les actes de juridiction volontaire
auxquels ses parents les plus proches et lui-même
étaient parties.

L'opinion de Coin Delisle a été combattue par Merlin, qui conteste que les officiers de l'état civil accom-
plissent de véritables actes de juridiction gracieuse.
Il nous semble difficile, cependant, de ne pas recon-

naître aux officiers de l'état civil un certain caractère juridictionnel. Ne sont-ils pas une émanation de l'autorité judiciaire, sous le contrôle de laquelle a été placé l'état civil des citoyens? Aucun texte, toutefois, n'a reproduit, dans notre droit moderne, les dispositions des lois romaines que nous avons citées. Rien n'indique donc que si la règle *nemo testis idoneus in re sua* doit être appliquée, en matière contentieuse, elle puisse être repoussée, en matière gracieuse. Le motif par lequel se justifie la différence de principe que l'on veut établir consiste, d'ailleurs, en ce qu'en matière contentieuse, il s'agit de prouver contre les droits de la partie adverse. Or, en matière d'état civil, il arrivera que l'acte de juridiction volontaire attribuera des droits à l'officier public, lequel se ferait ainsi à lui-même un titre contre les tiers.

La vérité est que, d'une part, l'absence de texte, de l'autre la liberté d'appréciation laissée par les articles 192 et 194 aux magistrats saisis d'une demande en nullité de mariage pour incompétence de l'officier de l'état civil, rendent difficile la solution du problème que nous poursuivons. Aussi, l'un des critiques les plus autorisés du Code civil, Demolombe (1), arrive-t-il à déclarer que si la faveur des faits était bien grande, il serait difficile au juge de prononcer la nullité du mariage célébré dans les conditions que nous avons supposées.

(1) Demolombe, t. 1, p. 347.

120. — Pour nous, nous nous refusons à admettre
que la nullité ne soit que facultative, lorsque l'officier
de l'état civil a célébré son propre mariage. L'hypothèse est très différente de celle que nous avons précédemment exposée. Lorsqu'il s'agit d'un acte de
naissance ou de décès dans lequel l'officier public
joue en même temps le rôle de déclarant ou celui de
témoin, la personne de l'officier se distingue, cependant, d'une façon bien nette de celle que l'acte
concerne. Il n'en est pas de même dans l'acte de
mariage, où les déclarants sont les futurs époux eux-
mêmes. Le cumul des fonctions de contractant et
d'officier nous paraît, en conséquence, impossible,
aussi bien au point de vue juridique que matériel. Il
existe, en effet, un certain nombre de faits inhérents
à la célébratiou même du mariage qui créent un obstacle absolu à une telle confusion. Comment supposer,
notamment, que l'officier de l'état civil pourrait
s'adresser à lui-même les interpellations prescrites
par l'article 75 du Code civil et y répondre ?
Est-il également admissible qu'il puisse donner
à ses propres paroles le caractère de l'authenticité ?

A vrai dire, le mariage contracté dans de telles
circonstances n'a pas été célébré devant un officier
de l'état civil. Or, la loi exige, sous peine d'inexistence du mariage, que le consentement soit donné
devant l'officier public compétent. En célébrant son

mariage, l'officier de l'étatcivil contrevient aux règles essentielles posées par le législateur et dont l'inobservation entraîne l'absence des solennités sans lesquelles la nature même des choses répugne à l'idée de mariage.

CHAPITRE II

DE LA COMPÉTENCE DES OFFICIERS DE L'ETAT CIVIL « SPÉCIAUX. »

121. — Les règles relatives à la compétence des officiers de l'état civil « spéciaux » offrent certaines dissemblances avec les dispositions applicables aux officiers de droit commun. Créés en vue de circonstances particulières, les officiers de l'état civil dont nous parlons doivent nécessairement être soumis à des règles spéciales, soit à raison de l'étendue de leurs fonctions, soit au point de vue du ressort qui leur est assigné. Nous adopterons, pour l'examen de ces diverses dispositions, le plan que nous avons déjà suivi, en recherchant quels sont les officiers de l'état civil spéciaux. De là, la division de ce chapitre en cinq sections.

SECTION I

Compétence des adjoints spéciaux.

122. — La compétence des adjoints spéciaux n'est pas régie, à vrai dire, par des règles qui leur soient propres. Le droit commun leur est applicable. Cela tient à ce que ces officiers ne jouent, en somme, que le rôle de simples suppléants des maires et sont soumis, en conséquence, aux mêmes dispositions que ces derniers.

Leur compétence est donc territoriale, c'est-à-dire qu'elle s'étend à tout fait constitutif de l'état civil qui se produit dans l'étendue de leur circonscription. De même, *ratione materiæ*, les adjoints spéciaux ont une compétence identique à celle des officiers de droit commun. Les actes de naissance, de décès et de reconnaissance rentrent dans leurs attributions. Ils peuvent également célébrer un mariage entre deux personnes dont l'une est domiciliée sur leur territoire (art. 165).

SECTION II

Compétence des officiers de l'état civil des lazarets.

123. — La loi du 3 mars 1822, art. 19, n'a conféré les fonctions de l'état civil aux autorités sani-

taires des lazarets qu'au point de vue des naissances et des décès qui se produisent dans l'enceinte de ces établissements. Les autorités sanitaires n'ont donc pas qualité 'pour recevoir les reconnaissances d'enfants naturels, à moins que celles-ci ne soient faites lors de la rédaction des actes de naissance. Le mariage, même *in extremis*, est également en dehors de leur compétence. Il ne peut être célébré que par l'officier de la commune sur le territoire de laquelle se trouve le lazaret.

SECTION III

Compétence des officiers de l'état civil des Français à l'étranger.

124. — Nous avons indiqué ci-dessus (nos 54 et 55) qu'aux termes des articles 47 et 48 du Code civil, les Français à l'étranger ont, pour obtenir la constatation légale de leur état, le choix entre deux modes distincts. Ils peuvent d'abord se soumettre aux règles de forme des pays où ils se trouvent (art. 47). Si, au contraire, les Français résidant à l'étranger préfèrent se conformer aux dispositions de leur loi nationale, les agents diplomatiques et consulaires sont investis à leur égard des fonctions d'officier de l'état civil (art. 48). Ce droit d'option consacré par le Code

n'est que la conséquence du caractère facultatif de la règle *locus regit actum*. Admise dans l'intérêt des parties, cette règle n'empêche pas les intéressés d'observer, dans les actes de la vie civile, les formalités prescrites par leur loi personnelle, lorsque, du moins, cette observation leur est matériellement possible.

125. — Il existe, toutefois, des différences assez sensibles entre la compétence des officiers locaux et celle des agents diplomatiques ou consulaires. Ce n'est pas *ratione materiæ* que ces différences s'accusent. Sous ce rapport, la compétence des uns et des autres est identique. Le sofficiers étrangers, aussi bien que nos agents extérieurs, peuvent recevoir des actes de naissance, de décès, de mariage et de reconnaissance. *Ratione personarum*, au contraire, les pouvoirs des agents locaux sont plus étendus que ceux des ambassadeurs et des consuls.

Il est donc nécessaire de diviser notre étude en deux sections, dont la première sera consacrée aux officiers de l'état civil du lieu et la seconde aux agents français.

§ I. — *Officiers de l'état civil « loci »*.

126. — L'article 47 du Code civil pose, en principe, que « tout acte de l'état civil des Français et des étrangers en pays étranger fera foi, s'il a été rédigé

dans les formes locales ». L'officier de l'état civil *loci*
est donc compétent pour recevoir aussi bien les
actes de naissance que ceux de décès, de mariage
ou de reconnaissance qui intéressent nos nationaux.
Cette capacité est la conséquence du caractère ter-
ritorial qui est attaché aux fonctions des officiers de
l'état civil. Comme l'officier français, l'officier étranger peut prêter son ministère non seulement à
l'égard de ses nationaux mais aussi envers les étrangers : *locus regit actum.*

127. — Les termes de l'article 47 sont généraux.
Il faut décider, en conséquence, qu'ils s'appliquent
au cas où un Français et un étranger figurent dans
le même acte de l'état civil (Laurent, *op. cit.*, tome II,
n° 10 ; Cass., 7 juillet 1835, D. P. 1835, 1, 389).

L'article 170 confirme notre opinion, car il déclare
que le mariage contracté en pays étranger entre
Français et entre Français et étrangers est valable
s'il a été célébré dans les formes usitées dans le pays.

128. — L'officier de l'état civil local ayant qualité
pour recevoir les actes qui intéressent nos nationaux,
il s'ensuit que les prescriptions de la loi étrangère
relatives à la compétence doivent être suivies par les
intéressés (1). Il en est de même des règles relatives

---

(1) En ce sens : Trib. civ. Seine, 24 janvier 1882. *Journal de
droit international*, 1882, 84. Renault, *Revue critique*, 1884, p. 719.
Weiss, p. 522, Despagnet, n° 382, *Contra* : Laurent, *Dr. civ. international*, t. IV, n° 267.

à la nullité des actes pour incompétence de l'officier public. Seule, en effet, la loi qui édicte une formalité doit pouvoir apprécier la sanction qu'il est nécessaire d'attacher à sa violation. Ainsi, la loi fédérale allemande du 6 février 1875 ne faisant pas de l'incompétence *ratione loci* de l'officier une cause de nullité, un tribunal français ne pourrait annuler le mariage contracté par des Français en Allemagne devant un officier incompétent, en se fondant sur l'article 191 du Code civil.

§ II. — *Agents diplomatiques et consuls.*

129. — La compétence des agents diplomatiques ou consulaires doit être examinée à deux points de vue, *ratione materiæ* et *ratione personarum.*

a) *Ratione materiæ.* — « Tout acte de l'état civil des « Français en pays étranger sera valable s'il a été « reçu, conformément aux lois françaises, par les « agents diplomatiques ou pour les consuls », dit l'article 48 du Code civil. L'expression « tout acte de l'état civil », employée par le législateur, semble bien signifier que les agents diplomatiques ou consulaires sont investis de *toutes* les fonctions conférées par la loi à l'officier de l'état civil, sur le territoire français. La place occupée par l'article 58, qui figure au nombre des dispositions générale du Livre I, titre 2, souligne encore cette intention du législateur.

L'un des premiers commentateurs du Code civil, Favard de Langlade (Répertoire ; mariage, section 3, § 2, n° 11), a contesté aux agents diplomatiques ou consulaires le droit de recevoir les actes de mariage. L'éminent auteur soutient que l'article 48 n'a pas la généralité d'application qui lui est communément donnée et que le mariage ne rentre pas dans ses dispositions. Le législateur aurait pensé que les solennités dont ce contrat doit être entouré et la publicité à laquelle il se trouve assujetti ne pourraient se manifester, d'une manière suffisante, dans le cabinet d'un consul ou dans celui d'un agent diplomatique.

L'argument principal sur lequel notre auteur appuie sa prétention est tiré de l'article 170. Cet article, remarque-t-il, s'occupe du mariage célébré à l'étranger et, cependant, il ne fait aucune allusion à la compétence des agents diplomatiques ou consulaires : « Le mariage contracté en pays étranger entre Français et entre Français et étrangers sera valable s'il a été célébré d'après les formes usitées dans le pays... » Ce texte rappelle, on le voit, l'article 47 du Code civil et non l'article 48. Favard de Langlade en déduit cette conséquence que l'article 170 apporte une exception aux règles générales posées par le Code civil, dans les articles 47 et 48, ne reconnaissant comme valable que le mariage contracté suivant les formes de la *lex loci*.

130. — Nous ne croyons pas que l'article 170 doive

recevoir une telle interprétation, car il est conçu non
en termes restrictifs, mais en termes simplement
explicatifs. Ce n'est pas lui qui détermine la compétence des agents extérieurs, c'est l'article 48. Or,
nous l'avons vu, les dispositions de cet article sont
des plus générales et l'article 170 n'a certainement
pas voulu y déroger. Si ce dernier ne s'occupe que
des officiers de l'état civil locaux et ne mentionne
pas les agents diplomatiques ou consulaires, c'est
qu'il statue à la fois sur le mariage entre Français et
sur le mariage entre Français et étrangers. Nous aurons l'occasion de constater, par la suite, que les
agents extérieurs sont incompétents pour procéder à
la célébration d'un mariage entre Français et étrangers. Le commentaire de l'article 48 ne pouvait donc
trouver place dans l'article 170 ; une disposition spéciale eut été nécessaire, mais le législateur l'a jugée
inutile, en présence des termes généraux de l'article 48.

L'adoption du système défendu par Favard de
Langlade entraînerait de funestes conséquences et
ne se concilierait, en aucune façon, avec les idées
qui ont inspiré le législateur, en la matière. L'incompétence des agents extérieurs aboutirait, en
effet, à contraindre les Français résidant à l'étranger
à se soumettre à des cérémonies, à des rites qui seraient parfois contraires à leurs mœurs ou qui bles-
seraient leurs opinions religieuses.

Cette opinion, repoussée par l'unanimité de la doctrine (1) est, d'ailleurs, incompatible avec les dispositions de l'ordonnance du 23 octobre 1833 qui suppose, dans son article 15, le droit pour les consuls de procéder au mariage de leurs nationaux.

131. — b) *Ratione personarum.* — En reconnaissant aux Français à l'étranger le droit de faire dresser les actes constatant leur état civil par les officiers locaux, l'article 47 donne compétence à ces derniers, que l'acte qu'ils reçoivent intéresse seulement des Français ou tout à la fois des Français et des étrangers. L'article 48 consacre-t-il le même système en faveur des agents diplomatiqués ou consulaires ? Fait-il exception, au contraire, aux dispositions précédentes et n'est-il applicable qu'au cas où il s'agit d'actes dans lesquels les Français sont seuls parties ? En d'autres termes, la question que nous devons résoudre est de savoir si la compétence des agents extérieurs est limitée aux actes de l'état civil qui concernent uniquement les Français ou si elle s'étend à ceux dans lesquels sont à la fois parties des Français et des étrangers, au mariage par exemple.

L'article 48 ne parle que des « actes de l'état

---

(1) Rieff, *op. cit.*, n° 87, Marcadé sur l'art. 170; Aubry et Rau, t. V, § 468, p. 121, Demolombe, t. I, n° 312. Weiss, op cit. p. 479.

civil des Français. » Or, un mariage entre deux personnes dont l'une est française et l'autre étrangère n'est pas précisément un acte de l'état civil de Français. La rédaction de notre texte porte donc à supposer que le Code a établi une distinction entre les deux hypothèses que nous avons signalées, distinction qu'il est facile de justifier en droit. Lorsque l'officier local intervient pour recevoir un acte qui intéresse à la fois un Français et un étranger, il instrumente à l'égard du Français, en vertu de la règle *locus regit actum* et, quant à l'étranger qui est l'un de ses nationaux, sa compétence dérive de ses fonctions mêmes. L'agent diplomatique ou le consul, au contraire, ne peut se prévaloir à son profit de la règle *locus regit actum*. Il ne peut, non plus, sans porter atteinte à la souveraineté de l'Etat près duquel il exerce ses fonctions, prétendre à la moindre autorité sur les ressortissants de cet Etat. Or, le mariage est un contrat qui exige pour sa perfection l'intervention d'une autorité publique et il ne saurait y avoir d'autre autorité publique dans une nation que celle que le souverain y a établie. De là cette conséquence, en thèse générale, que nul mariage n'est valable, s'il n'a été célébré devant un officier préposé à cet effet par le souverain du pays. La compétence de l'agent diplomatique à l'égard de ses nationaux est déjà une atteinte à la souveraineté territoriale. Lorsqu'il célèbre un ma-

riage, l'agent diplomatique ou le Consul accomplit un
acte de juridiction ; il exerce une véritable magis-
trature. Si la loi d'un pays conserve, en la circonstance, tout son empire à l'égard de ses nationaux,
bien que ceux-ci soient éloignés de leur patrie, son
autorité ne s'étend point aux étrangers (1).

A la vérité, le législateur français pourrait donner
compétence à ses agents diplomatiques ou consulaires, lorsque l'acte de mariage intéresse à la fois
un Français et un étranger, mais en ce sens seulement que le mariage ainsi célébré serait considéré
comme valable en France. Sa validité ne s'impo-
serait pas aux tribunaux des autres pays. La législation anglaise est en ce sens. Suivant les statuts
12 et 13 Victoria, ch. LXVIII, les mariages célébrés
devant un consul anglais sont réputés valables en
Angleterre, alors même que la future épouse serait de
nationalité étrangère. Ces dispositions ont été confir-
mées par une loi du 27 juin 1893 (2).

132. — Il ne nous paraît pas établi que le légis·
lateur français ait adopté un système analogue à
celui dont nous venons de faire l'exposé. Deux
arguments ont été invoqués, en sens contraire.

Une première opinion s'appuie sur l'article 165,

(1) Trib. civ. Seine, 2 juillet 1872. (*Journal de droit international
privé*, 1874, 71). Marcadé sur l'art. 170. Weiss, p. 386. Aubry et
Rau, t. V, p. 121.

(2) *Annuaire de législ., étr.* 1893, p. 9.

aux termes duquel il suffit que l'un des futurs époux ait son domicile dans une commune pour que l'officier de l'état civil du lieu devienne compétent à l'égard de l'autre. Dans le cas qui nous occupe, déclare-t-on, l'agent diplomatique ou le consul doit être assimilé à l'officier public visé par l'article 165. Sa compétence à l'égard du Français lui donne les mêmes pouvoirs envers l'étranger (1).

Ce raisonnement est bien spécieux. Si, en France, l'officier du domicile de l'un des futurs époux acquiert compétence envers l'autre, c'est qu'il est officier public à l'égard de tous deux. L'agent diplomatique ou consulaire, en pays étranger, n'est pas un officier public, investi d'une compétence territoriale. Il n'a qu'un caractère personnel qui lui donne un certain pouvoir à l'égard des Français, mais son autorité est nulle par rapport aux étrangers. Aussi, en s'occupant des pouvoirs conférés aux agents diplomatiques à l'étranger, l'article 48 ne parle-t-il que des actes de l'état civil des Français, tandis que l'article 47 déclare valable tout acte des Français et des étrangers dressé selon les règles de forme de la *lex loci*.

D'après une deuxième opinion (2), la qualité de

(1) Vazeille, *Du Mariage*, t. I, p. 251, n° 186.
(2) Mourlon, t. I, p. 176 note.

Français de l'un des futurs époux constitue à elle
seule une condition suffisante pour entraîner, au
profit de l'agent diplomatique ou consulaire, le droit
de célébrer le mariage de l'intéressé avec toute autre
personne, quelle que soit la nationalité de cette
dernière. Le mariage contracté en France devant
un officier de l'état civil est valable, alors même
que l'une des parties est étrangère. Or, le mariage
accompli à l'étranger, en présence d'un agent diplomatique ou d'un consul, est réputé célébré en
France. Une même solution doit s'appliquer aux
deux hypothèses.

Sans nous arrêter à la fausse application qui est
ici faite du principe de l'exterritorialité diplomatique, nous repoussons cet argument comme por-
tant atteinte à la règle que nous rappelions, au paragraphe précédent. Si l'officier civil peut célébrer, en
France, un mariage, bien qu'il soit incompétent à
l'égard de l'une des parties, c'est que son ministère
s'étend à tous ceux qui habitent le territoire, tandis que la compétence des agents diplomatiques ou
consulaires est bornée aux Français, dans l'intérêt
desquels le droit d'instrumenter leur a été uniquement conféré.

133. — Le Code civil ne semble donc pas avoir dé-
rogé aux principes fondamentaux du droit international, dont nous avons fait l'exposé précédemment.
L'Ordonnance du 23 octobre 1838 sur la compé-

tence des Consuls, confirme notre opinion puisque, dans son article 15, elle passe sous silence le mariage entre Français et étrangers. Les auteurs (1) se prononcent, en général, dans le même sens. Quant à la jurisprudence, elle offre peu de jugements ou d'arrêts sur la question. Toutefois, dans une affaire célèbre, connue sous le nom d'arrêt Summaripa, la Cour de cassation a consacré l'interprétation dont nous nous sommes fait le défenseur. — Un Français, M. Gaudin, avait épousé à Constantinople, devant le consul français, une demoiselle Summaripa, de nationalité turque. La Cour suprême, cassant un arrêt de la Cour de Rouen, déclara que le mariage contracté à Constantinople, par le sieur Gaudin et la demoiselle Summaripa, était nul, pour incompétence de l'officier civil. L'arrêt établit que les autorités musulmanes avaient seules qualité, en l'espèce, pour unir les deux fiancés ; que le Consul français, en mariant, à Constantinople, un Français avec une femme turque, avait commis une usurpation de pouvoirs, et qu'en conséquence, l'acte de célébration dressé par lui émanait d'une personne sans caractère public. « Attendu, dit-il enfin, que si les agents diplomatiques et les consuls ont été autorisés par l'article 48 à recevoir les actes de l'état civil en pays

(1) Rieff, nº 88 ; Marcadé sur l'art. 170 ; Aubry et Rau, t. V, § 468, p. 121. Demolombe, t. III, nº 312. Weiss, p. 386. Despagnet, nº 349.

étranger, conformément aux lois françaises, il résulte
clairement de l'essence des choses et du texte de la
loi, qu'il ne s'agit ici que des Français uniquement,
nos lois n'ayant de pouvoir à l'étranger que sur les
nationaux... (1). »

Les termes de l'arrêt de la Cour de cassation sont,
on le voit, dès plus formels, et consacrent entièrement l'opinion que nous avons soutenue.

134. — L'arrêt Summaripa soulève une question
de droit particulière. Tout en adoptant les idées
émises par la Cour de cassation, l'on peut se demander si la Cour suprême n'aurait pas dû se départir de
la rigueur des principes, dans l'espèce qui lui était
soumise. La compétence des consuls reçoit une no-
table extension dans les pays hors chrétienté (Tur-
quie, Perse, Chine...) L'on sait notamment, que dans
ces contrées, les consuls ont sur leurs nationaux un
droit de juridiction exclusif, aussi bien au civil qu'au
criminel. Aussi, quelques auteurs poussant à l'extrême l'idée d'exterritorialité qui explique les privi-
lèges dont les Européens jouissent en Orient, n'ont
pas craint de reconnaître aux consuls le droit d'unir
leurs nationaux à des étrangers (2).

Bien que la souveraineté des États de l'Orient soit
considérablement réduite, par rapport aux résidents

---

(1) Cass., 10 août 1819, D. A. I, 168.
(2) Pic, *Conflits de lois*, p. 110 et suiv.

Européens, nous ne pensons pas qu'il faille l'anéantir à ce point. La fiction d'exterritorialité a pour but principal de soustraire les résidents Européens à la juridiction du pays qu'ils habitent, en leur assurant les garanties de la justice et des lois de leur nation. Elle n'a pas pour effet de créer une exception aux principes admis par le droit international, en matière d'état civil, et laisse subsister entièrement, sous ce rapport, la règle énoncée par l'article 48 du Code civil. (1).

135. — Le mariage contracté hors de France, entre Français et étrangers, devant l'agent diplomatique ou consulaire, est atteint de nullité. Il en est ainsi de tout acte de l'état civil reçu par un officier incompétent. Cette nullité est d'ordre public et peut être invoquée par l'un des époux, nonobstant une longue possession d'état. Nous savons, en effet, que les nullités absolues, établies pour des motifs d'ordre public et dans l'intérêt de la société, ne sont couvertes ni par la longueur du temps, ni par le silence des parties. Aucune fin de non recevoir ne les protège. Le consentement formel des intéressés ne peut même donner à un acte frappé de nullité absolue une valeur juridique quelconque.

Or, nous l'avons vu (n° 65), le défaut de qualité

(1) Lehr, *Revue gén. de dr. int. public*, année 1894, p. 37 et suiv. Cass., 18 avril 1865. Sirey 1865, I, 317. Trib. cons. de Constantinople. *Journal de droit int. privé*, 1890, p. 216 et note.

dans la personne de l'officier qui célèbre un mariage, entraîne la nullité absolue de ce contrat. « La plus grave des nullités, disait Portalis au Conseil d'Etat, est celle qui dérive de ce qu'un mariage n'a pas été célébré publiquement et en présence de l'officier compétent. Cette nullité donne action aux pères et mères, aux époux, au ministère public et à tous ceux qui y ont intérêt; elle ne peut être couverte par la possession ni par aucun acte exprès ou tacite de la volonté des parties, elle est indéfinie et absolue. Il n'y a pas mariage, mais commerce illicite entre deux personnes qui n'ont pas formé leur engagement devant l'officier compétent, témoin nécessaire du mariage. »

La même doctrine a été proclamée par la Cour de cassation, dans l'arrêt Summaripa (1), où nous lisons que « le vice d'incompétence produit une nullité absolue, d'ordre public, qui ne peut être couverte par la possession d'état et qui est proposable par les époux eux-mêmes ».

---

(1) Cass. 22 août 1819, précité.

SECTION IV

Compétence des officiers de l'état civil aux armées.

136. — Les règles qui déterminent la compétence des officiers de l'état civil aux armées font l'objet des articles 93-97 et 98 (nouvelle rédaction) du Code civil. La loi du 8 juin 1893, dont nous avons déjà fait connaître l'économie générale (n°ˢ 68 et s.), a développé sur ce point l'œuvre du législateur de 1804 et mis fin à différentes controverses qui s'étaient élevées, sous l'empire du texte primitif.

137. — La compétence des officiers de l'armée est générale ; elle embrasse les différents faits qui constituent ou modifient l'état des personnes. Il était nécessaire qu'il en fût ainsi, pour que le but poursuivi par le législateur fût réellement atteint. Les difficultés qu'entraîne, en campagne, le recours aux magistrats locaux ne seraient qu'imparfaitement écartées, si la compétence des officiers de l'armée ne s'étendait pas à tous les actes de l'état civil. Il existe, sous ce rapport, une étroite analogie entre les règles applicables aux officiers de droit commun et celles qui régissent l'état civil aux armées.

138. — Une différence considérable se manifeste, au contraire, à un autre point de vue : la compétence

des officiers de droit commun est territoriale, celle des officiers de l'armée est *personnelle*. Créée dans l'intérêt des militaires, cette compétence ne produit d'effets qu'à leur égard et reste indépendante de toute question de lieu. Remarquons que les officiers de l'état civil, français ou étrangers, demeurent investis à l'égard de leurs administrés des fonctions qu'ils tiennent de la loi, alors même que le territoire de leur commune serait occupé par une troupe amie ou ennemie (1).

Nous allons examiner successivement les règles qui déterminent la compétence des officiers de l'état civil aux armées *ratione personarum et ratione materiæ.*

§ I. — *Compétence ratione personarum.*

139. — Aux termes du nouvel article 93, 1er alinéa, la compétence des officiers des armées de terre et de mer s'exerce à l'égard des « militaires, des marins de l'Etat et des personnes employées à la suite des armées ».

Les règles du chapitre V (Liv. 1, tit. II), ne sont donc pas applicables à tous les Français qui se trouvent en pays étranger, alors même que le terri-

(1) Darlan, Rapp. à la Ch. des Dép., 7 juillet 1892, annexes n° 2267.

riloire sur lequel ils résident serait occupé par une armée française. Seules, les personnes faisant partie de l'armée soit en qualité de militaires, soit à un autre titre, peuvent bénéficier de ces dispositions de faveur. La compétence des officiers n'est pas territoriale, mais personnelle.

Le terme de « militaires » employé par l'article 93 du Code civil désigne tous ceux qui se trouvent sous les drapeaux, quel que soit leur grade ou leur fonction : officiers et soldats, combattants et non combattants. Aux militaires, le nouvel article 93 assimile, comme l'ancien article 88, les personnes employées à la suite des armées. Il faut entendre par cette expression « tout individu appartenant à une administration militaire et porteur d'une commission du ministre de la Guerre, tout individu appartenant à une entreprise d'un service administratif d'armée, porteur d'une semblable commission ou, du moins, commissionné par l'entrepreneur et compris dans un tableau fourni par cet entrepreneur et approuvé par le Ministre ». (Instruction ministérielle du 8 mars 1823). La compétence des officiers s'étend également aux vivandiers, cantiniers, ainsi qu'aux domestiques, aux femmes et aux enfants des militaires autorisés à suivre l'armée (même circulaire).

140. — La loi du 8 juin 1893 n'établit pas de distinction entre le temps de paix et le temps de guerre, lorsqu'un corps armé opère hors de France (n° 57).

Ses dispositions s'appliquent même à nos armées sur
le territoire français, en cas de mobilisation ou de
siège. A ce dernier point de vue, l'article 93 *in fine*
contient une innovation des plus importantes.

Il déclare que « la compétence des officiers de l'armée s'étendra, s'il est nécessaire, aux personnes non
militaires qui se trouveront dans les forts et places
fortes assiégés ». Cette extension de compétence se
justifie par les circonstances tout à fait exception-
nelles qui la suscitent. Aussi, ne doit-elle recevoir application qu'en cas d'impossibilité pour les intéressés de recourir aux officiers de l'état civil de droit
commun, « s'il est nécessaire », dit l'article 93.

§ II. — *Compétence ratione materiæ*

141. — *Ratione materiæ*, la compétence des officiers de l'état civil aux armées est la même que celle
des officiers de droit commun. Aucun article du
Code n'établit, à leur égard, une dérogation quelconque aux règles ordinaires. Les textes font toujours allusion « aux actes de l'état civil » reçus par
les officiers de l'armée et réglementent la tenue « des
registres de l'état civil », sans indiquer aucune limite à leurs attributions. L'article 94 reconnaît
même implicitement que les officiers de l'armée ont
qualité pour rédiger les actes de naissance, de ma-

riage et de décès, puisqu'il organise une procédure destinée à assurer la transcription de ces différents actes. Leurs attributions consistent dans la constatation des faits suivants :

a) *Naissances* . — Les officiers de l'armée peuvent avoir à relater la naissance d'enfants, nés de femmes employées à la suite des armées ou de domestiques et de femmes de militaires autorisées à suivre l'armée.

b). *Décès*. — (art. 94).

c) *Reconnaissances d'enfants naturels*. — La Circulaire du 8 mars 1823 enseignait que les officiers ne pouvaient recevoir de reconnaissances d'enfants naturels autres que celles qui résultaient de l'acte de naissance lui-même, c'est-à-dire qui avaient été faites au moment de la déclaration. Cette opinion, repoussée par la grande majorité des auteurs, s'appuyait sur l'absence de textes relatifs à la matière. La controverse n'est plus possible, depuis la loi du 8 juin 1893 qui a inséré dans l'article 98 le paragraphe suivant : « Les dispositions des articles 93 et 94 seront applicables aux reconnaissances d'enfants naturels. »

d) *Mariages*. — La compétence des officiers de l'armée, en matière de mariage, était reconnue par les anciens articles 94 et 95. Elle est également consacrée par le nouvel article 97. Cette compétence existe, aussi bien sur le territoire français que hors de France. Un avis du Conseil d'Etat, en date du 4° jour complémen-

taire an XIII a décidé, il est vrai, que « les militaires,
lorsqu'ils se trouvent sur le territoire français, ne
peuvent contracter mariage que devant les officiers
des communes où ils ont résidé sans interruption, pendant six mois, ou devant l'officier de l'état civil de la
commune où l'un des futurs époux est domicilié, depuis six mois. » Cette décision a perdu toute importance, depuis que le législateur de 1893 a soumis
l'état civil des militaires à la compétence des officiers de l'armée, en cas de siège ou de mobilisation.
Dans ces deux hypothèses, par conséquent, les offi-
ficiers de l'armée ont qualité pour célébrer un mariage, si, toutefois, les publications requises par la
loi ont été effectuées. L'article 97 ne laisse aucun
doute sur l'intention du législateur, car il prévoit le
cas où un mariage sera célébré « dans l'une des circonstances prévues à l'article 93 ». Or, ces circonstances sont au nombre de deux : d'une part, la présence d'un corps armé hors de France, de l'autre la
réunion d'une troupe, en cas de mobilisation ou de
siège.

142. — Les officiers de l'armée ont qualité pour
procéder à la célébration du mariage entre les différentes personnes qui font partie de l'armée, à un titre
quelconque, (arg. art. 93 nouveau). Leur compétence
subsiste-t-elle, si l'un des futurs époux n'appartient
pas à cette organisation ?

Nous avons déjà établi que les règles du Chapitre V

sont spéciales aux militaires et aux personnes employées à la suite des armées. En conséquence, elles ne s'appliquent point aux autres Français qui ne se trouvent pas dans cette situation. La seule exception qu'il faille admettre au principe est celle qui résulte de l'article 93 *in fine*, lorsqu'en cas de siège, les circonstances empêchent tout recours aux autorités de droit commun.

143. — A plus forte raison, faut-il décider que la compétence des officiers de l'armée ne s'étend pas à la célébration du mariage entre un militaire et une étrangère. Admettre le contraire, ce serait violer le principe dont nous avons déjà eu à faire l'application, à savoir que les agents français à l'étranger n'ont d'autorité que sur leurs nationaux. L'article 48 applique cette règle, en matière d'état civil, aux agents diplomatiques et consulaires. Le même raisonnement s'impose à l'égard des officiers de l'état civil aux armées.

L'on a objecté, (1), il est vrai, que si l'officier n'a pas qualité pour intervenir, en l'espèce, sa compétence se réduit à bien peu de choses, car, le plus souvent, nos soldats épouseront des femmes originaires du territoire occupé. Nous reconnaissons l'importance pratique de cet argument mais, au point de vue juridique, nous ne le croyons pas fondé. Ad-

(1) Weiss, p. 578 note.

mettre l'extension de compétence proposée, ce serait
créer une exception à la règle générale de l'article 48.
Or, aucun texte n'indique que le législateur ait eu
cette intention et il n'appartient pas au jurisconsulte
ou au juge de combler une lacune, si elle existe dans
la loi.

144. — La question qui vient de nous occuper se
relie, d'ailleurs, à un débat beaucoup plus considérable : la compétence des officiers de l'état civil aux
armées est-elle obligatoire ou facultative ?

En faveur du caractère obligatoire, l'on a invoqué
les termes impératifs de l'ancien article 88 et surtout
les circonstances dans lesquelles le chapitre V a été
incorporé dans le Code civil. Les articles qui com-
posent ce chapitre furent rédigés, à la demande du
premier consul, qui jugea nécessaire d'établir des dispositions spéciales concernant l'état civil des militaires car « là où est le drapeau, est la France ». Cette
maxime, prise à la lettre, conduirait à dire que le
territoire occupé par nos armées devient fictivement
territoire français. Les autorités locales perdraient,
par cela même, toute compétence pour recevoir les
actes de l'état civil qui intéressent nos soldats. L'article 47 du Code civil cesserait d'être applicable à ces
derniers. Bien qu'une circulaire interprétative du
ministre de la Guerre, en date du 24 brumaire an XII
(Sirey 1804, 2, 743), semble admettre cette solution,
nous ne pensons pas qu'elle doive être adoptée. La

locution employée par le premier Consul, devant le
Conseil d'Etat, émane plutôt d'un législateur que d'un
jurisconsulte (Merlin : *Questions de Droit* ; Mariage
§ 7, n° 1). C'était une fiction nouvelle que Bonaparte
créait. Pour qu'elle subsistât, en droit, il aurait fallu
qu'elle passât dans les textes. Or, le Code civil est
muet sur la question et, si l'on se reporte aux discus-
sions préparatoires, rien ne nous indique que le législateur de 1804 ait consacré la maxime exprimée
par le premier Consul.

Aussi, la majeure partie de la doctrine (1) et la jurisprudence se prononcent pour le caractère facultatif
de la compétence des officiers de l'armée.

Les auteurs qui défendent l'opinion contraire sont
obligés d'admettre que les prisonniers de guerre et
les militaires isolés qui sont dans l'impossibilité de
parvenir jusqu'à l'officier français peuvent valablement s'adresser aux autorités locales. Il faut généraliser cette solution particulière et reconnaître dans
les dispositions du chapitre V un privilège, une faveur destinée à faciliter la constatation de l'état civil
des militaires. Le législateur a pensé que le recours
aux autorités locales serait souvent difficile, pénible
même aux soldats. Il a créé pour eux des règles de
faveur, mais aucun texte du Code civil ne leur défend

---

(1) Dem., t. I, p. 315 ; Laurent, t. II, n° 12. Aubry et Rau,
t. I, p. 233.

de renoncer au privilège qui leur est conféré, pour s'en tenir aux termes du droit commun.

La Cour de cassation a fait l'application de cette idée, dans un arrêt rendu le 23 août 1826. « Attendu, dit-elle, que, suivant l'article 170 du Code civil, le Français peut valablement contracter mariage, en pays étranger, devant l'officier du pays et que les articles 88 et suivants du même Code ne le privent point de cette faculté en lui donnant, lorsqu'il est militaire, celle de faire célébrer son mariage devant l'officier du corps dont il fait partie... (1) ».

La Cour supérieure de Bruxelles a consacré la même solution, en des termes à peu près identiques. « Les articles 88 et suivants, dit la Cour, n'ont pas pour effet de priver le militaire d'une faculté que la loi concède à tous mais, au contraire, de lui accorder une faveur et une facilité de plus, en l'autorisant à contracter mariage devant l'officier public de son régiment (2) ».

145. — La loi du 8 juin 1893 nous paraît avoir tranché la controverse qui nous occupe, en faveur de l'opinion à laquelle nous nous sommes rallié.

A la vérité, les travaux préparatoires et, notamment, les rapports présentés à la Chambre des députés et au Sénat, ne nous donnent pas d'indications bien nettes sur ce point. Si le rapporteur de la loi de 1892

(1) Cass. 23 août 1826. Sirey 1827, I, 108 aff. Ogé.
(2) 7 juin 1837, *Journal du palais*, année 1837, p. 1663.

à la Chambre des députés constate que la compétence des officiers de l'armée ne fait pas obstacle à celle des agents diplomatieues ou consulaires français à l'étranger, il passe sous silence
les autorités locales. Mais, les termes dans lesquels est conçu le nouvel article 93 accusent de
la part du législateur, l'intention de mettre fin au
débat que nous avons exposé, en consacrant le caractère facultatif de la compétence des officiers de l'état
civil aux armées. « Les actes de l'état civil concernant les militaires seront rédigés dans les formes
prescrites par les dispositions précédentes, sauf les
exceptions contenues dans les articles suivants »,
disait l'article 88. La forme impérative de cette disposition offrait un argument sérieux aux partisans
de la compétence obligatoire des officiers. Or, le nouvel article 93, après avoir rappelé que les militaires
sont soumis, au point de vue de leur état civil, aux
règles ordinaires, ajoute : « Toutefois, hors de France
et dans les circonstances prévues au précédent paragraphe, les actes concernant les militaires pourront,
en tout temps, être également reçus par les autorités
ci-après ». L'expression « pourront être également
reçus », substituée à celle de « seront reçus », nous
semble indiquer nettement la confirmation donnée
par la loi du 8 juin 1893 au principe de la compétence facultative des officiers de l'armée. Le changement de rédaction introduit par le législateur est

Benôtre   12

d'autant plus significatif que le texte du projet, présenté en 1890 par le gouvernement, reproduisait les termes mêmes de l'ancien article 88. La modification qui est survenue avant le vote définitif de la loi acquiert, de ce fait, une importance particulière et semble bien ne laisser aucun doute sur la signification qu'il convient de donner au nouvel article 93.

En résumé, nous pensons que les règles établies dans le Livre I, tit. II, chap. V du Code civil n'enlèvent pas aux militaires, hors de France, le droit de recourir, au point de vue de leur état civil, aux agents diplomatiques ou consulaires français, ainsi qu'aux autorités locales. Les officiers de l'état civil du pays seront même seuls compétents pour célébrer un mariage entre un militaire français et une étrangère (art. 48 et 170 du Code civil).

SECTION V

Compétence des officiers de l'état civil à bord des navires.

146. — L'étude à laquelle nous nous sommes livré, dans la première partie de cet ouvrage, nous a permis de constater que la loi du 8 juin 1893, adoptant le principe déjà admis par le Code civil, soumet

à des dispositions identiques la constatation de l'état des personnes qui se trouvent en mer, qu'elles soient à bord de navires de guerre ou à bord de navires de commerce. Les règles du Code relatives à la compétence des officiers de l'état civil en mer ont été reproduites également par le législateur de 1893.

A. *Compétence ratione loci.* — La compétence des officiers de l'état civil en mer est territoriale ; elle s'étend à toutes les personnes présentes à bord, quel que soit leur domicile et quelle que soit leur nationalité. En conséquence, l'acte concernant un étranger sera valable, en France, s'il a été dressé, sur un navire français, par l'officier compétent. Il en sera de même à l'étranger, à moins que la législation du pays de l'intéressé n'admette une solution différente à l'égard de ses nationaux.

147. — La compétence des officiers du bord ne s'étend, remarquons-le, qu'à l'équipage du bâtiment et aux passagers, c'est-à-dire aux personnes qui font partie du voyage. C'est seulement en leur faveur que les dispositions des articles 59, 69 et 86 ont été insérées dans le Code civil. Serait nulle, par exemple, la reconnaissance d'un enfant naturel reçue à bord d'un navire français faisant escale dans un port étranger où il n'existe pas d'agent diplomatique ou consulaire, si cette reconnaissance émanait d'un Français momentanément à bord et qui ne ferait partie ni de l'équipage ni des passagers. Les autorités

locales se trouvent, en l'espèce, avoir seules compétence pour instrumenter.

148. — B. *Compétence ratione materiæ.* Les officiers
de l'état civil du bord sont compétents pour recevoir
les actes de naissance (art. 59) de décès (art. 86) et
de reconnaissance d'enfants naturels (art. 62).

149. — Une attribution nouvelle a été conférée à ces
officiers par la loi du 8 juin 1893. L'article 87 dispose
« que si une ou plusieurs personnes inscrites au rôle
d'équipage ou présentes à bord, soit sur un bâtiment
de l'Etat, soit sur tout autre bâtiment, tombent à
l'eau sans que leur corps puisse être retrouvé, il sera
dressé un procès verbal de disparition par l'autorité
investie à bord des fonctions d'officier de l'état civil ». Ce texte constitue une heureuse innovation et
comble une lacune qui existait, jusqu'alors, dans notre
législation. Le Code civil n'avait pas établi de règles
particulières, pour le cas où une disparition se produit en mer. Dans une semblable hypothèse, il n'y a
pas lieu à rédaction d'un acte de décès, car les constatations matérielles requises par la loi n'ont pu être
accomplies. Les intéressés peuvent, il est vrai, faire
déclarer l'absence du disparu mais, d'une part, la
procédure à laquelle ils se trouvent contraints de recourir est compliquée et, d'un autre côté, le jugement prononçant l'absence ne constitue qu'une
demi-mesure, en présence d'une mort à peu près certaine. Aussi, les auteurs et la jurisprudence s'étaient-

ils préoccupés, avant la loi du 8 juin 1893, de porter
remède à l'insuffisance de la législation. Ils appli-
quaient, en la circonstance, l'article 19 du Décret du
3 janvier 1813 relatif aux ouvriers qui ont péri dans
les travaux des mines et dont les cadavres ne peuvent
être retrouvés. Cet article prescrit au maire de
dresser procès verbal de l'accident, puis d'en transmettre copie au Procureur de la République qui,
après autorisation du tribunal, requiert la transcription du procès verbal sur les registres de l'état civil.
Cette pratique, sur la légalité de laquelle les auteurs
ne s'accordaient point, a inspiré le législateur de 1893.
Après avoir confié aux officiers du bord le soin de
rédiger un procès verbal, chaque fois qu'une disparition se produit en mer, il autorise le ministre de la
Marine et même les intéressés à provoquer, de la part
du tribunal du dernier domicile, un jugement qui
sera transcrit sur les registres de l'état civil (art. 90).
Ce jugement tient lieu d'acte de décès et est oppo-
sable aux tiers (art. 92), qui peuvent, toutefois, en obtenir la rectification, en suivant les règles de droit
commun établie par l'article 99 du Code civil.

150. — La compétence des officiers du bord
s'étend-elle aux actes de mariage ? Nous ne le pensons
pas, car le Code civil, aussi bien que la loi du 8 juin
1893, sont absolument muets, sur ce point. L'absence
de textes sur la matière est d'autant plus significa-
tive que le législateur a pris soin de consacrer des

articles spéciaux à chacun des autres actes de l'état
civil. Les dispositions légales qui ont trait au mariage s'opposent, d'ailleurs, à sa célébration en mer,
puisque les publications qui doivent le précéder sont
à peu près impossibles. D'autre part, lorsque le législateur donne qualité aux officiers du bord pour
dresser procès verbal des naissances, des décès
et des reconnaissances d'enfants naturels, c'est que
la constatation de ces différents faits s'impose et
qu'il est nécessaire qu'elle ait lieu, dans un bref
délai. Le mariage, au contraire, dépend des parties
et n'offre pas le même caractère d'urgence. Il est vrai
que cet argument n'est pas d'une application générale et, peut-être, serait-il bon que la compétence
des officiers du bord s'étendît aux mariages *in extremis*. Quoi qu'il en soit, le législateur n'ayant pas
établi de distinction, sous ce rapport, l'intérêt des
parties ne saurait suffire pour nous permettre de
créer une exception que la loi n'a certainement pas
prévue.

CONCLUSION

Parvenu au terme de notre étude, il nous paraît utile de jeter un coup d'œil d'ensemble sur la législation dont nous venons de faire l'exposé et d'en apprécier les dispositions générales. Il est logique, en effet, qu'après avoir décrit les différentes règles qui président à l'organisation et à la compétence des officiers de l'état civil, nous examinions si le législateur a été bien inspiré dans le choix des solutions qu'il a admises ou si, au contraire, certaines modifications ne devraient pas être apportées à la législation actuelle.

Les dispositions du Code relatives à la compétence des officiers de l'état civil ont déjà fait l'objet, de notre part, de diverses critiques. Nous avons signalé, notamment, un certain nombre de lacunes qui existent dans la législation sur la matière, mais nous avons constaté, en même temps, qu'il est facile d'y suppléer, à l'aide des principes généraux du droit. Tout au moins, ces imperfections pourront-elles aisément disparaître, dans une refonte générale ou partielle de nos lois civiles.

L'appréciation des règles qui déterminent quels sont les officiers de l'état civil mérite de retenir plus longtemps notre attention.

L'étude historique à laquelle nous nous sommes livré, dans notre Introduction, nous a conduit à établir que le système, adopté par l'ancien droit français, était incompatible avec une organisation rationnelle de l'état civil. Ce système, admis aujourd'hui encore par la Russie, le Danemark, la Serbie, la Suède et la Norwège suppose, chez les peuples qui l'adoptent, l'existence d'une législation dans laquelle l'élément civil ne s'est pas nettement dégagé de l'élément religieux, où la notion de l'Etat n'a pas atteint son parfait développement. Aussi, avons nous considéré comme une réforme législative des plus salutaires le Décret du 3 septembre 1791, qui proclama, en France, la sécularisation de l'état des personnes.

Par contre, nous ne pensons pas que l'inspiration du législateur ait été aussi heureuse, lorsqu'il a confié aux maires et, en certains cas, aux adjoints les fonctions d'officier de l'état civil. Sans doute, les dispositions édictées par la loi du 28 pluviôse an VIII et conservées par le Code civil ont rendu de réels services. Grâce à elles, la constatation de l'état des personnes se trouve définitivement assurée à l'égard de tous les citoyens, quelles que soient les opinions religieuses de chacun d'eux. D'autre part, le système consacré par le législateur de l'an VIII, est d'une application pratique fort simple. Le recrutement des officiers de l'état civil n'offre aucune difficulté, de même que les intéressés trouvent dans la personne des agents municipaux des officiers publics auxquels ils peuvent recourir d'une manière permanente.

Cette organisation prête, toutefois, à une critique dont l'importance est considérable. Les membres des municipalités auxquels incombent les attributions d'officier de l'état civil sont généralement peu préparés pour remplir la tâche que la loi leur confie. Ces fonctions exigent de ceux qui en sont investis un ensemble de connaissances spéciales, une certaine éducation juridique que beaucoup de maires et d'adjoints ne possèdent point, car l'aptitude à exercer les fonctions administratives n'entraîne pas nécessairement, chez celui qui en est revêtu, la capacité requise pour exercer les fonctions d'officier de l'état civil. Un grand nombre de maires sont étrangers aux questions juridiques qui concernent l'état des personnes. De là, les irrégularités dont se plaignent annuellement les membres du Parquet chargés du contrôle de l'état civil et qui entraînent, parfois, des conséquences d'une gravité dont nous avons pu mesurer l'étendue, en relatant la célèbre affaire des mariages de Montrouge.

L'importance des inconvénients que nous venons de signaler n'avait point échappé aux rédacteurs du

Code civil. Lors des travaux préparatoires, l'on était unanime sur la nécessité de modifier le système admis par la loi du 28 pluviôse an VIII, en confiant à des personnes autres que les membres des municipalités les fonctions d'officier de l'état civil. Le Consul Cambacérès exposa cette opinion devant le Conseil d'Etat, dans la séance du 6 fructidor an IX. « L'on n'a point encore prononcé, déclara-t-il, sur les fonctionnaires qui tiendront les registres de l'état civil. La loi du 19 vendémiaire en chargeait les maires ; l'expérience a montré que ce mode présentait de graves inconvénients. Peut-être établira-t-on des fonctionnaires *ad hoc*, et alors il sera facile de les placer, soit dans la hiérarchie administrative, soit dans la hiérarchie judiciaire. » La promesse faite par Cambacérès ne s'est pas réalisée : le titre relatif aux actes de l'état civil fut voté, sans qu'aucun changement eût été introduit dans la législation. C'est que, si les rédacteurs du Code étaient d'accord sur ce point qu'il fallait enlever aux maires et aux adjoints les attributions concernant l'état civil, il n'en était plus de même à l'égard des fonctionnaires qui devraient leur être substitués. Les uns proposaient les juges de paix, d'autres les notaires, certains même, comme Cambacérès, se prononçaient en faveur d'officiers de l'état civil *ad hoc*. Cette divergence d'opinions entraîna le maintien du *statu quo*.

La réforme projetée par les rédacteurs du Code ci-

vil et que ceux-ci n'ont pas su établir, a pris place
dans un certain nombre de législations étrangères.
En Espagne, la loi du 17 juin 1870 a confié les fonctions d'officier de l'état civil aux juges municipaux,
qui sont à peu près l'équivalent de nos juges de paix.
De même, depuis la loi du 11 juin 1887, les greffiers
des juges de paix sont chargés, au Brésil, de tenir
les registres de l'état civil et de procéder à la célébration des mariages.

Dans un ordre d'idées analogue, la loi anglaise du
7 août 1874 et la loi fédérale allemande du 6 février
1875 méritent d'être signalées. Elles se distinguent
des précédentes en ce qu'elles font appel, pour la
constatation de l'état des personnes, non pas à des
membres de l'autorité judiciaire, mais à des fonctionnaires de l'ordre administratif.

Le législateur anglais a créé un service d'état civil
autonome, composé de fonctionnaires dont l'unique
mission est d'assurer la constatation et la preuve des
naissances, mariages et décès. A cet effet, la loi du
7 août 1874 divise le territoire en un certain nombre
de circonscriptions, à la tête de chacune desquelles
est placé un *registrar* ou officier de l'état civil. Des
superintendants registrars veillent à l'observation des
lois sur la matière et relèvent eux-mêmes d'un *registrar général*, qui siège à Londres.

La loi fédérale allemande, promulguée le 6 février
1875, se rapproche du système français, mais elle en

corrige assez heureusement certaines imperfections.
Une circonscription d'état civil peut comprendre une
ou plusieurs communes. Dans le premier cas, les attributions d'officier de l'état civil incombent au chef
de la municipalité, bien qu'il soit toujours loisible
au gouvernement de désigner une autre personne
pour remplir ces fonctions. Lorsque plusieurs communes forment une seule circonscription, le choix de
l'officier civil appartient à l'autorité supérieure.

De ces diverses solutions, la plus rationnelle, à
notre avis, est celle qui a été consacrée par la loi anglaise du 7 août 1874. Une organisation autonome
de l'état civil constitue, en effet, le système qui nous
paraît être le plus favorable à la constatation régulière des naissances, mariages et décès, car elle permet de choisir les officiers de l'état civil parmi les
personnes qui possèdent les qualités requises pour
remplir ces fonctions. D'autre part, des agents spéciaux, nommés pour une période de temps illimitée,
peuvent acquérir, dans les questions relatives à l'état
civil, une compétence qui est le résultat inévitable
d'une longue pratique.

Aussi, pensons-nous qu'une réforme législative,
ayant pour objet d'attribuer, en France, la tenue des
registres de l'état civil à des fonctionnaires *ad hoc*,
constituerait une heureuse innovation. L'on nous
objectera, peut-être, que l'adoption d'un tel système
entraînerait la création d'une nouvelle catégorie de

fonctionnaires, mais cet argument ne doit pas arrêter le législateur, si la réforme que nous proposons est de nature à améliorer l'organisation actuelle de l'état civil. Sans doute, il en résultera une certaine difficulté dans le recrutement des officiers de l'état civil. Nous ne pensons pas, toutefois, qu'il faille attacher à cette question une importance exceptionnelle, si nous songeons à la faveur dont les fonctions publiques, quelles qu'elles soient, sont l'objet, dans notre pays.

Il serait facile, du reste, d'obvier aux inconvénients qui pourraient naître, sous ce rapport, en empruntant à la loi fédérale allemande du 6 février 1875 deux de ses dispositions, dont la première autorise la réunion de plusieurs communes en une seule circonscription d'état civil, tandis que la seconde rend obligatoire pour certaines personnes, notamment pour les officiers ministériels et les membres des municipalités, l'acceptation des fonctions d'officier de l'état civil.

Vu :

Le Président de la thèse,

ANDRÉ WEISS.

Vu par le Doyen :

GARSONNET.

Vu et permis d'imprimer

Le Vice-Recteur de l'Académie de Paris,

GRÉARD.

TABLE DES MATIÈRES

PREMIÈRE PARTIE

Des officiers de l'état civil.

DEUXIÈME PARTIE

De la compétence des officiers de l'état civil.

Imp. DESTENAY, BUSSIÈRE frères. — Saint-Amand (Cher.)

ST-AMAND, CHER. — IMPRIMERIE SCIENTIFIQUE ET LITTÉRAIRE, BUSSIÈRE FRÈRES.